# 好奇心大爆炸②
## 天马行空的问题
## 和意料之外的答案

【英】彼得·本特利（Peter Bentley）等 / 编著

赵梦雪 / 译

重庆大学出版社

**图书在版编目（CIP）数据**

天马行空的问题和意料之外的答案 /（英）彼得·本特利（Peter Bentley）等编著；赵梦雪译. -- 重庆：重庆大学出版社，2023.10

（好奇心大爆炸；2）

书名原文：The Ultimate Guide to Mind Blowing Q&A

ISBN 978-7-5689-4155-6

Ⅰ. ①天… Ⅱ. ①彼… ②赵… Ⅲ. ①科学知识-青少年读物 Ⅳ. ①Z228.2

中国国家版本馆CIP数据核字（2023）第166970号

# 天马行空的问题和意料之外的答案
## TIANMAXINGKONG DE WENTI HE YILIAOZHIWAI DE DA'AN

【英】彼得·本特利 等 ｜ 编著　　　赵梦雪 ｜ 译

策划编辑：王思楠

责任编辑：张锦涛

责任校对：王 倩

责任印制：张 策

装帧设计：马天玲

重庆大学出版社出版发行

出 版 人：陈晓阳

社　　　址：（401331）重庆市沙坪坝区大学城西路21号

网　　　址：http://www.cqup.com.cn

印　　　刷：重庆升光电力印务有限公司

开　　　本：787mm × 1092mm 1/16　印张：9.75　字数：135千

2023年10月第1版　　2023年10月第1次印刷

ISBN 978-7-5689-4155-6　　　　定价：58.00元

## 不要想当然

我们有太多事情想当然。常识也罢，科学假设也罢，无需动脑的细节也罢，我们不假思索接受的东西数不胜数。

比如地球在一刻不停地自转，有些物质有磁性，水透明无色，1分钟有60秒，1小时有60分钟。

但只要稍微花点时间思考，问题很快就会开始出现：为什么感觉不到地球在旋转？有些物质为什么有磁性？如果水透明无色，为什么海是蓝色的？又是谁决定了1秒钟应该有多长？

从表面上看，这些问题都很简单，答案好像显而易见，一点儿都不复杂，所以我们会得出想当然的答案，却不会花时间去思考答案背后隐藏着什么。

但这不能解决问题。幸运的是，有些人——通常都是科学家——愿意寻找答案背后的知识。读了这本书，你会发现他们找到的真相往往出乎意料。我们从历史中学到，最简单的问题的答案经常会颠覆我们对世间万物的认知，包括自我认识。本书涉及各种各样的主题——从天文学、物理学到自然界、人体，我们还从相应领域的专家那里得到了答案。快打开这本书，你会像我一样很快意识到，**任何事情都不能想当然。**

# 目录

## 人体 HUMAN BODY

## 太空 SPACE

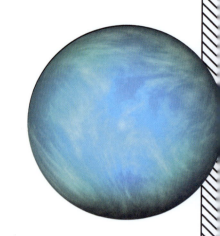

# 技术 TECHNOLOGY

# 动物 ANIMAL

# 物理与数学 MATH&PHYSICS

# 基因与进化 GENE&EVOLUTION

# 地球 PLANET EARTH

# 人体 HUMAN BODY

肌肉、汗水、唾液、感官、睡眠、
疾病、饮食、食物、记忆……

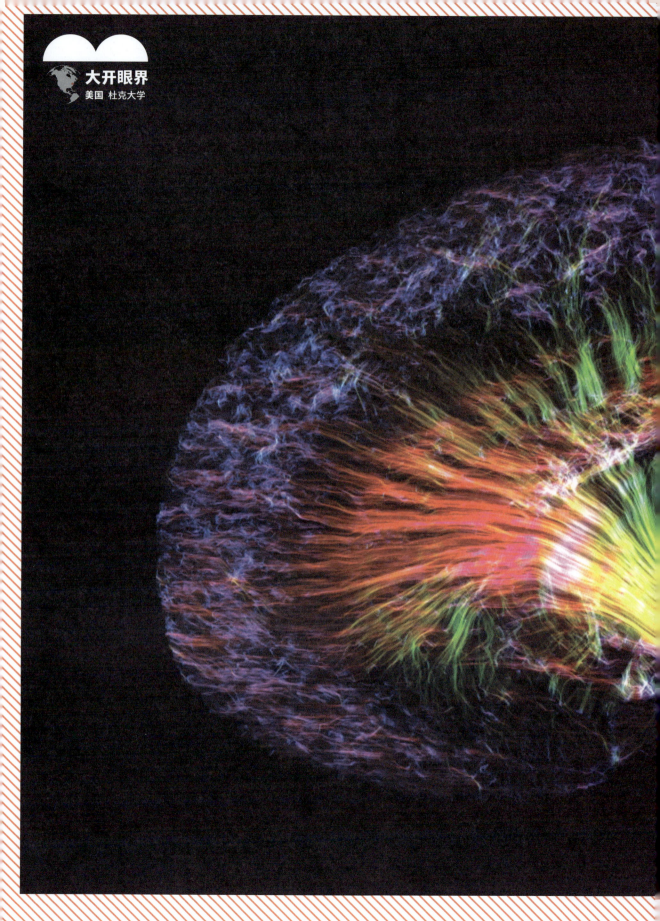

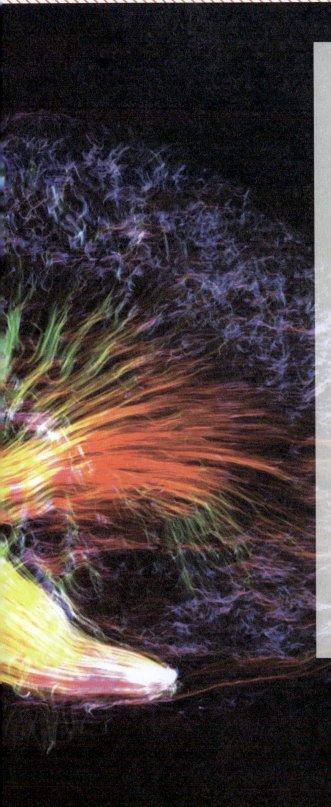

## 这是什么？

图中的爆炸像彩虹一样五彩斑斓，形状类似大脑，但实际上，这张图片是通过弥散张量成像（DTI）技术呈现的小鼠肾脏。弥散张量成像是一种磁共振成像，通过追踪水分子流经肾脏内部细管的运动制图。液体流经细管的过程中，所含营养物质被吸收，再混入新陈代谢的废物垃圾，最后变成尿液。

这张图片中纤维的颜色代表了水分子的流动方向，以3D方式呈现了肾脏的结构。

这张照片是2018年BMC（BioMed Central）"科研永不止步"（Research in Progress）摄影大赛的获奖作品。

## 肌肉真的有记忆吗？

　　肌肉真的有记忆，而且有两种。一种肌肉记忆被称为"程序性记忆"，它可以加强大脑中的突触通路，用于你经常执行的特定的肌肉运动序列。所以吉他手按和弦的时候不需要有意识地考虑每个手指的位置就能够摆出手型。另一种肌肉记忆是指肌肉纤维恢复尺寸和强度的现象比最初更快。如果你曾经通过训练增加了肌肉量，那么之后再增肌就比之前从未训练过的时候更容易。在训练过程中，肌肉细胞核会增多，哪怕肌肉纤维已经缩回正常大小，新增的肌肉细胞核依然可以存活，存活时间长达15年。形象点说，肌肉会"记住"它们以前的力量，因此恢复到原来的水平会更容易。

## 为什么焦虑的时候会出汗？

　　这是"战斗或逃跑反应"的一部分。在产生"或战或逃"反应时，人体的交感神经系统会释放激素，其中包括肾上腺素，而肾上腺素会激活身体的汗腺。大脑扫描显示，哪怕只是闻到别人惊恐出汗的气味，也足以激活大脑中处理情绪和社交信号的区域。因此，有一种理论认为，这种出汗是一种利于进化的行为：一人焦虑出汗，其他人会更加警觉，准备好应对任何引发焦虑的事情。万一焦虑出汗是因为有一头饥肠辘辘的老虎在找食，那可就救了大家的命了。

## 戴口罩是否能有效遏制感冒的传播？

在日本街头，戴口罩司空见惯，甚至高级时装的T台上也有模特戴口罩。很多人都不明白，感冒患者戴口罩不是为了保护自己，而是为了保护他人。牙医和外科医生戴口罩的原因也一样，是为了防止自己把病菌传播给病人。不过，口罩也是一道屏障，能有效避免空气中的病毒侵害佩戴者。而且戴口罩有助于保持鼻子和喉咙的黏膜湿润，这样呼吸道就能排出病菌。另外，有证据表明花粉症患者戴口罩在一定程度上能免受花粉过敏之苦。

## 为什么旋转会导致晕眩？

转动头部时，内耳中充满液体的管子侧面的毛发会检测到加速度。如果旋转的时间足够长，大脑就会对耳朵不断发出的转向信号无动于衷，试图以此来抵消转向信号。旋转停止时，耳朵正确地向大脑发出身体已经停止转动的报告，但大脑仍在积极抵消耳朵发出的转向信号，并因此认为身体正在朝相反方向转动，所以这时就会感到晕眩。

## 睡眠不足是不是更容易感冒？

存在证据支持这一观点。美国研究人员之前开展了一项研究：实验的第一部分是评估164名参与者一周内的睡眠情况，睡眠时长通过活动记录仪（类似运动手环）评估。在实验的第二部分，研究人员向参与者分发含有鼻病毒的滴鼻剂，监测参与者在5天内是否出现感冒症状。研究结果显示，睡得少的人（每晚最多睡6小时）比睡得多的人（每晚睡7小时以上）更容易患感冒。这一发现与其他研究表明，哪怕就一晚没睡好，免疫系统也会受损。睡眠对人体健康非常重要，一般成年人的睡眠时间应为6~9小时，14~17岁的青少年应保证8~10小时的睡眠。

## 为什么听音乐会让人心情好？

　　从本质上来说，听音乐让人心情好，是因为进化过程中，大脑认为寻找和发现声音中有意义的模式有好处。研究表明，如果一段音乐似曾相识，但同时也不是非常熟悉，会让人格外心满意足。音乐还可以通过放大我们的情绪令人感觉良好（回想一下，感觉沮丧时沉浸在悲伤的歌曲中会获得"快乐"）。另外，音乐可以触发美好或伤感的回忆。最后，音乐还有社交功能：和朋友一起唱最喜欢的乐队的新歌，可以培养强大的集体归属感。

## 为什么大声朗读的内容记得更清楚？

　　可能是因为听到自己的声音，也可能是因为说这一行为本身。一项研究通过记忆测试验证这两种假说。研究结果表明，说话和听到自己的声音都有助于记忆——前者是因为比起默读，朗读时大脑更活跃，后者是因为听到自己说话，大脑会对内容更敏感。

## 喝牛奶真能强健骨骼吗？

人体需要定期摄入钙来满足一系列需求，尤其是用于构建骨骼，保持骨骼健康。如果不能从饮食中获得足够的钙，人体就会从骨骼中提取钙。虽然有些人认为乳制品不那么重要，但不可否认乳制品提供了可吸收钙。但健康的骨骼还需要维生素D和钾。想提高体内钙水平还需要多吃叶菜、豆类和种子类食物。

# 当恐慌症发作的时候我的身体怎么了？

　　人类已经进化出一些行为来应对诸如捕食者之类的突如其来的物理威胁。这些行为都是在无意识的情况下被触发的，以便身体迅速做好准备，或

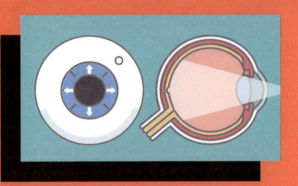

**1.眼睛**

瞳孔张大，照射到视网膜的光线增加。这样一来，弱光条件下更容易看清东西，而且视野中快速移动的物体的"帧率"会提高。

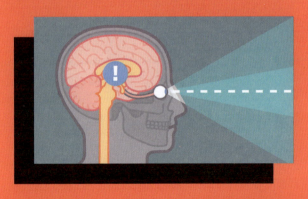

**2.大脑**

注意力完全聚焦在感知到的威胁来源上。如果身体没有真的受到伤害，可能会出现隧道视觉。

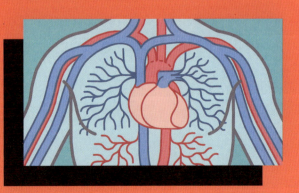

**3.心脏**

心跳加快，心脏"怦怦"跳动。由于血流量增加，会突然耳鸣。

战斗，或逃跑。现代生活中通常不会出现觅食游荡的熊，然而没有物理威胁不代表威胁反应就会消失，情绪压力可能会意外触发威胁反应。打个比方，烤面包时，虽然房子没有着火，烟雾警报器却会响，恐慌症发作就类似这种情形。

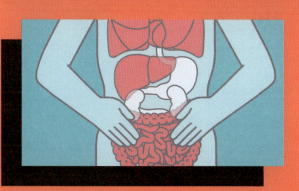

## 4. 胃

在危机面前，胃和肾脏显得相对不太重要，因此胃和肾脏中的血液会分流出来支援别的器官，可能会让人感到不适。

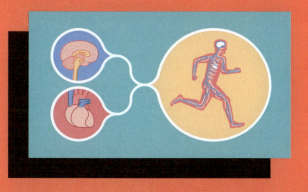

## 5. 腿

血液循环和神经系统严阵以待，准备让身体迈腿飞奔。如果不逃，肌肉就会开始不受控制地颤抖。

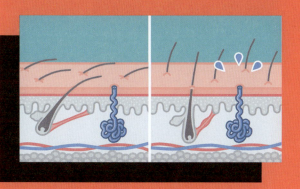

## 6. 皮肤

人会出汗，是因为身体正准备排出突然运动产生的多余热量。毛发倒竖，让人在捕食者面前显得大了一圈。

## 为什么人一打哈欠就变"聋"？

　　中耳里有一块肌肉，叫作"鼓膜张肌"，它附着在小小的"锤骨"上，而锤骨可以传递鼓膜振动的声音。突然听到打雷之类的响声时，鼓膜张肌会自动收缩，降低听觉灵敏度。咀嚼的时候，鼓膜张肌也会收缩，不然人可能会被下巴肌肉产生的声音震聋。打哈欠时，下巴的运动也会触发鼓膜张肌的收缩，所以打哈欠的副作用就是耳朵会变聋。

## 为什么我们累了会揉脸？

　　疲惫的时候，我们的眼睛会很痒，揉眼睛可以刺激泪腺产生泪液，润滑眼睛。神奇的是，支配脸部、头皮和眼睛的眼神经与通往心脏的迷走神经之间有关联。揉搓脸部，按压眼睛，都会触发"眼心反射"，降低心率。因此，累了，压力大了，揉揉脸可以放松下来。

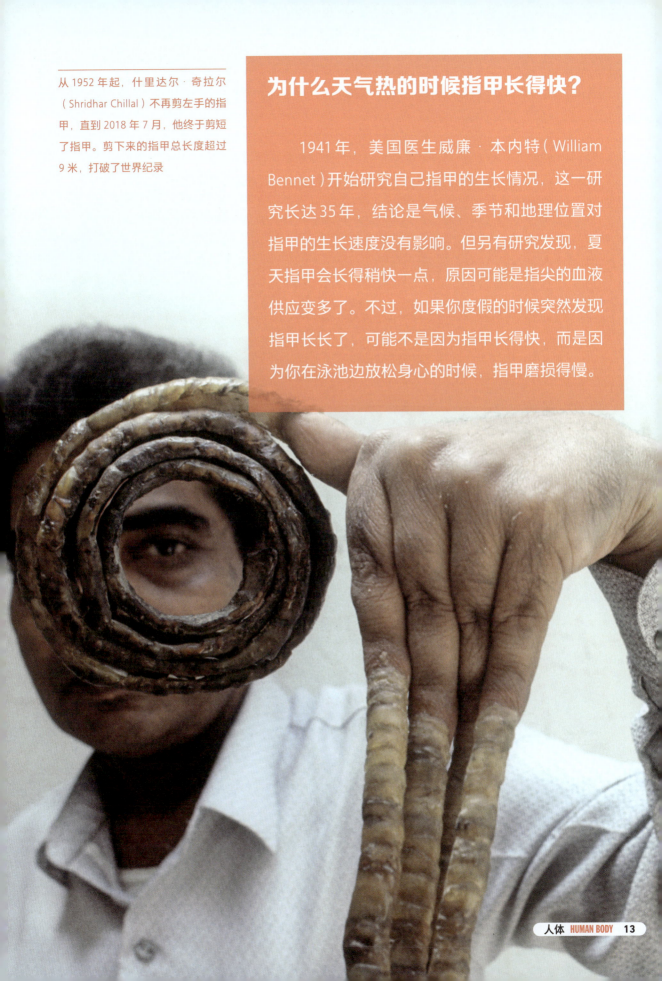

从 1952 年起，什里达尔·奇拉尔（Shridhar Chillal）不再剪左手的指甲，直到 2018 年 7 月，他终于剪短了指甲。剪下来的指甲总长度超过 9 米，打破了世界纪录

## 为什么天气热的时候指甲长得快？

1941 年，美国医生威廉·本内特（William Bennet）开始研究自己指甲的生长情况，这一研究长达 35 年，结论是气候、季节和地理位置对指甲的生长速度没有影响。但另有研究发现，夏天指甲会长得稍快一点，原因可能是指尖的血液供应变多了。不过，如果你度假的时候突然发现指甲长长了，可能不是因为指甲长得快，而是因为你在泳池边放松身心的时候，指甲磨损得慢。

## 味精有害健康吗？

　　谷氨酸钠，也就是味精，名声确实不太好，一听就会联想到外卖和高度加工食品。1908年人们首次从海藻中提取出味精。这种"风味"增强剂只含有钠和谷氨酸，钠是普通食盐的成分之一，而谷氨酸天然存在于蘑菇、番茄和帕尔马干酪等食物中。普遍观点认为，味精会导致头痛和说不清道不明的"恶心"，这就是所谓的"中餐馆综合征"。但这是无稽之谈，科学家没有发现有任何证据表明味精与头痛有关，也没有发现味精与任何其他健康问题有关。适量的味精和适量的盐一样，好吃无害。

# 为什么足球运动员总吐痰？

多项研究表明，运动会增加唾液中的蛋白质分泌量，尤其是一种叫作MUC5B的黏液。这种黏液会使唾液变得更浓稠、更难吞咽，所以我们会把它吐出来。目前还不清楚为什么我们在运动时分泌的MUC5B变多，可能是因为运动时常常用嘴呼吸，为了防止口腔干燥必须多分泌黏液。篮球和网球之类的运动项目会处罚吐痰的球员，但足球和橄榄球不会。

## 我们有没有可能同时患上感冒和流感？

流感和普通感冒是由不同家族的病毒引起的，所以人体可能同时存在流感病毒和感冒病毒。但是对一种病毒产生的很多免疫反应也不利于其他病毒生存，所以人体如果已经在对抗一种病毒，就不太可能感染另一种。不过这种所谓的抗病毒状态并不能防止细菌感染。很多死于流感的人实际上不是死于流感病毒本身，而是死于继发细菌性肺炎感染。在免疫系统忙于对抗流感时，细菌性肺炎就会乘虚而入，占据上风。

## 婴儿会做噩梦吗？

婴儿不会说话，所以没法知道他们会不会做噩梦。但鉴于婴儿的认知能力有限，专家认为他们不会做噩梦。不过，虽然他们不会做噩梦，但要是饿了或者觉得不舒服，也可能会哭醒。如果婴儿从深度睡眠中醒来，有时候看起来会很迷茫、很害怕。人通常在快速眼动睡眠（REM）期间才会做噩梦，孩子对世界了解更多之后，也会更常做噩梦。

## 脸红有什么进化上的意义吗？

查尔斯·达尔文称脸红是"最奇特、最人性化的表情"。距离他说这话125年之后，才有确凿的证据能够解释脸红可能具有的进化意义。现在知道，如果人在犯错后脸红，旁观者会认为他们感到特别羞耻，特别尴尬，因此反而会更同情他们，理解他们——也许是因为脸红预示着他们意识到自己犯了错，并且后悔不已。荷兰心理学家研究发现，在游戏中，作弊者如果脸红了，很快能再次取得他人信任。因此，脸红似乎是通过非语言的方式显示我们在意社会规则，从而帮助我们与他人建立联系。

## 为什么人类进化出了想象力？

　　有想象力，才能反思过去，预测未来。具有想象力可以说是人类和动物最大的区别。有想象力就可以从过去的经验中吸取教训（"如果带上矛，我就能抓住那头鹿"），也可以对未来可能出现的情况作出假设（"如果徒步穿越沙漠的时候既不带水也不带食物，我就会饥渴难耐"）。因而，人类的适应能力极强，擅长制订计划，解决问题。进化出想象力之后，人类也能插上想象的翅膀，编织出引人入胜的故事。

## 人体十大元素
（占人体总体重比例）

**氧**
65%

**碳**
18%

**氢**
10%

**氮**
3%

**钙**
1.4%

**磷**
1.1%

**其他**
0.7%
（钾0.2%,
硫0.2%,
钠0.15%,
氯0.15%）

## 人体需要盐吗？

　　没有盐，人就活不了，神经系统无法运作，肌肉无法收缩放松，体液无法维持平衡。但人体其实每天只需要一点点盐，四分之一茶匙都不到。然而几乎所有人摄入量都超标。如果患有高血压，或者有患高血压的风险，每天摄入超过6克（一茶匙）盐可能会导致不良后果。要想减少盐摄入，最好少吃加工食品。

**161 000**

如果把普通成年人的血管从身体里取出来首尾相连，可长达16.1万米，足以绕地球赤道4圈。

## 人类可以冬眠吗？

　　传说中世纪的农民为了度过冬天的饥荒，可以睡几乎整整六个月。但真正的冬眠与其说是睡眠，不如说是长时间降低体温，并且冬眠有很多严重的副作用。冬眠的时候，哺乳动物肺部会积聚黏液，使记忆力下降，免疫系统受损。医学上应用低温疗法治疗脑损伤，但前提是病人陷入低温昏迷的时间不超过两周。

## 人的思维有多快？

　　为了解决这个问题，科学家尝试测算人类意识到感觉信息所需要的时间。一些科学家估计，人可以体验到仅仅持续50毫秒（约1/20秒）的感觉刺激。有观点认为这一估计过于保守，持续时间不到1/4毫秒的简短信息，大脑也能作出反应。想知道大脑感知信息、作出反应有多快，可以参考短跑运动员听到发令枪作出反应的速度，大约150毫秒内运动员就能作出反应。信息在神经通路上传播所需的时间会限制思维的速度。19世纪时，赫尔曼·冯·亥姆霍兹（Hermann von Helmholtz）估计信息传播的速度是每秒35米，但现在大家已经知道，一些绝缘良好的神经传播速度更快，可达每秒120米。

一听到发令枪响就起跑：短跑运动员可以在极短的时间内对发令员的枪声作出反应

## 海边的空气
## 会让人睡得更香吗？

2015年，英国国家信托基金会研究发现，人们去海边散散步可能会睡得更香，但没有证据证明睡得香是因为海边的空气。以前有人认为是海风中的某些负氧离子使人昏昏欲睡，实际上，去海边旅行运动量大，累了就睡得香，而且海浪一阵阵拍打岸边，节奏感强，催人入眠。天天在海边生活的人反而不如来旅游的人睡得香。

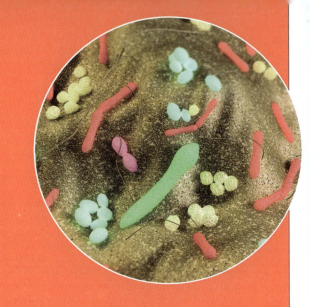

## 一个人体内有多少细菌
## （以及怎么测量细菌数量）？

几十年来，科学家猜想人体内的细菌数量是细胞的10倍。但以色列和加拿大合作组成的一个研究团队在2016年重新验证了实验结果，估计体内细菌和细胞的数量相差不大。他们的计算依据是，人体内大部分的细菌都在结肠。利用核磁共振扫描的信息，他们计算出一个"理论上的人"的结肠体积。科学家检测出每克湿便中约有900亿个细菌，因此他们估计人体内约有38万亿个细菌，细胞则有30万亿个。

## 水果里的糖分是否有害健康？

　　水果中的糖分主要是果糖和葡萄糖。葡萄糖是主要的食物分子，体内细胞可以直接利用，但是要利用果糖必须先在肝脏中把它转化成葡萄糖。然而肝脏处理果糖的速度有上限，如果肝脏负荷过重，就会把果糖转化为脂肪，因此高果糖饮食会导致肥胖。但是大量摄入新鲜水果并不意味着高果糖饮食，因为水果含有大量的纤维和水分，可以减缓消化速度，增强饱腹感。事实上，研究发现，在摄入同等卡路里的情况下，苹果和橙子的饱腹感最强，比牛排和鸡蛋都强。一个中等大小的苹果含有19克糖，其中11克是果糖，大约相当于半罐碳酸饮料的含糖量，但吃一个苹果可比喝半罐碳酸饮料管饱。所以总的来说，我们不太可能因为吃新鲜水果而摄入过多的糖分。果汁和干果另当别论，它们太容易吃多了。

| 水果种类 | | 含糖量 |
|---|---|---|
| 葡萄（1份，151克） | | **23克** |
| 1个中等大小的苹果（182克） | | **19克** |
| 1个中等大小的梨（178克） | | **17克** |
| 菠萝（1份，165克） | | **16克** |
| 1根中等大小的香蕉（118克） | | **14克** |
| 1个中等大小的桃子（150克） | | **13克** |
| 1个中等大小的橙子（131克） | | **12克** |
| 半个白葡萄柚（118克） | | **9克** |
| 西瓜（1份，152克） | | **9克** |
| 草莓（1份，152克） | | **7克** |
| 树莓（1份，123克） | | **5克** |
| 1只中等大小的番茄（123克） | | **3克** |

## 为什么无聊的时候时间好像变慢了？

虽然无聊的时候人会懒洋洋的，但在生理层面上其实处于"高唤醒"状态，心率较快。一般认为，唤醒程度提高，大脑的"内部时钟"就会加速，因此人感觉流逝的时间多于实际流逝的时间。还有理论认为，觉得时间变慢是大脑给自己发射的信号，提醒自己应该做点别的事情，不然太没劲了。

## 如果一个人光吃肉会怎么样？

短期内不会有太大影响。1928年科学家进行了一项研究，两名男子在医生监督下整整吃了一年肉。一年后，他们"身体的任何部位都没有发生特别的生理变化"。现在，肉食主义的拥护者声称，纯肉饮食可以改善消化，达到减肥目的。但大量证据表明植物性食物能够抗癌。长期来看纯肉饮食是否健康，答案尚未可知。

## 咳嗽的时候飞沫会飞多远？

美国麻省理工学院的研究人员发现，飞沫会借助看不见的气体云在房间内扩散。在气体云的漩涡作用下，较小的飞沫飞得更远，在空中停留的时间也更久。

每颗飞沫都可能带有病毒或细菌。飞沫大小不同，传播距离也不同，最远可以传播6米。

咳出的飞沫可能会进入无辜的旁观者的鼻子或口腔。同时，飞沫中的病菌可以在某些物体表面存活数小时，随时可以转移到毫无戒备的受害者身上。

咳嗽的时候横膈膜、腹肌和肋骨间肌肉发力，能有效排出肺部的刺激物或黏液。人体每次咳嗽都会咳出几千颗飞沫，速度高达160千米/小时。

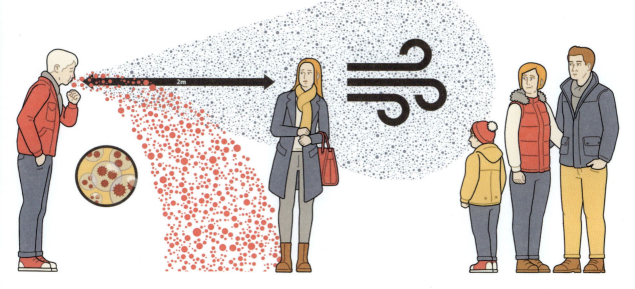

# 太空 SPACE

小行星、宇航员、太空垃圾、微重力、
系外行星、黑洞、火箭、行星、卫星……

# 这是什么？

在阿塔卡马大型毫米波/亚毫米波阵列望远镜（ALMA）上方，弧形银河闪着微光。ALMA包括66台射电望远镜，正在捕捉和分析宇宙中一些最古老的星系发出的光线。由于地球大气层中的水汽会吸收光线，为了避免这一不利因素，这些望远镜建在地球上最干燥的地方之一——智利北部的阿塔卡马沙漠中，这里海拔在5000米以上，条件非常理想，不仅尽量避免了大气中水汽对光线的吸收，而且也没有什么光污染和无线电干扰。离镜头最近的望远镜的右侧就是南十字星，由4颗恒星组成，形似风筝。

## 为什么宇航员总穿白衣服？

太空很危险，对人类来说不是太热就是太冷。宇航服的材料必须能够反射大部分入射辐射（主要是太阳光），其冷却（和加热）系统才能够有效工作，所以宇航服采用白色。另外，如果宇航员穿白色服装，即便隐没在地球的阴影之中，他们也能互相看到彼此。

## 太空是真空吗？

　　真空就是空间内不存在任何物质的状态。太阳系平均每立方厘米含有 5 个原子；恒星与恒星之间的星际空间，每立方厘米大约含有 1 个原子；星系与星系之间的星系际空间，每立方厘米平均含有 1/100 个原子。量子理论认为，哪怕是在空无一物的空间里，能量始终都在波动，"虚粒子"不断出现又不断消失。说到底，不可能存在完全的真空。

## 可以用放射性测年法测定奥陌陌的年龄吗？

　　2017年10月发现的奥陌陌（Oumuamua）是太阳系中发现的第一个星际天体。奥陌陌是一块长约230米、宽约35米的细长红色岩石，起源成谜，引人遐思。科学家通常用放射性测年法测定地球上发现的陨石的诞生年代，也可以用这种方法测定奥陌陌的诞生年代。这样的研究通常会用质谱仪来测量铷–锶或钐–钕的同位素比例。假设未受污染的奥陌陌样本可以送回地球，样本中含有的同位素足够多，而且奥陌陌形成以来没有任何物理过程改变过同位素的比例，那么科学家就有可能对奥陌陌的年龄作出合理的估计。

## 木星这样庞大的气态行星的核心是什么样的？

　　美国国家航空航天局的朱诺号正在木星轨道上运行，朱诺搜集的数据有望解决这一关键问题。木星的大气大约90％是氢，10％是氦。计算机模型表明，木星的核心可能由金属氢组成。金属氢性质奇特，人们通常认为，极端高压下才存在金属氢。

## 究竟是谁发现了大爆炸的余热？

1964 年，美国新泽西州贝尔电话实验室的物理学家阿诺·彭齐亚斯和罗伯特·威尔逊正在调查为卫星通信而建造的喇叭形天线所受到的干扰。他们分析认为，干扰源是一个非常微弱的热源，只比绝对零度（-273°C）高几摄氏度，而且很奇怪，干扰源似乎同时遍布天空各处。

两人向附近普林斯顿大学的天体物理学家描述了他们的发现，真相随之浮出水面：彭齐亚斯和威尔逊竟然探测到了大爆炸残余的热量。两人因这一重大发现获得了 1978 年的诺贝尔物理学奖。

他们显然不是当时首先探测到这种原始热量的人。1940 年，加拿大天文学家安德鲁·麦凯勒发现，太空中一些分子的特性可以表明它们周围环境的温度。麦凯勒证明，这些分子表明整个太空的温度比绝对零度还要高几摄氏度。但是，由于理论学家还没有研究出宇宙大爆炸的具体后果，因此麦凯勒的发现没有得到重视。很遗憾，麦凯勒在世的时候没能见证他的说法得到证实：他于 1960 年去世，年仅 50 岁。

**罗伯特·威尔逊**
（Robert Wilson）

**阿诺·彭齐亚斯**
（Arno Penzias）

**安德鲁·麦凯勒**
（Andrew Mckellar）

宇宙大爆炸残余的热量被称为宇宙微波背景

## 其他星球上会有地球上没有的物质吗？

**会**，每隔一段时间就有陨石从外太空坠落地面，科学家经常会在陨石中发现地球上没有的物质。迄今为止，科学家已经通过化学分析在这些外太空碎片中发现了大约300种矿物，其中大约40种是陨石独有的矿物。1969年，阿连德陨石在墨西哥上空爆炸。科学家分析了陨石样本，2012年，他们宣布在样本中发现了一种新材料，这种材料不仅从来没在地球上见过，而且过去被认为不可能存在。这种材料由钛、锆和钪等元素组成，被命名为"盘古石"（盘古是中国民间神话中开天辟地的巨人）。

## 宇宙会膨胀到什么地步？

目前我们不知道（可能永远也不会知道）宇宙是否是无限的。一方面，如果宇宙是无限的，那么它可以持续膨胀，但不会变大（因为没有什么东西比无限还大），因此宇宙不会膨胀成其他任何东西。另一方面，如果宇宙是有限的，就没法回答这个问题了，因为我们本身就是宇宙结构的一部分，没有办法观察到宇宙的外部。

## 太空垃圾问题有多严重？

大量数据表明，自20世纪50年代以来，太空垃圾日益增多。美国国家航空航天局估计，近地轨道上大约有22 000个物体直径大于10厘米，小碎片很可能更多，数以千万计。大部分太空垃圾移动极快，其速度是子弹速度的7倍。这么快的速度，硬币一般大小的物体就可以轻易摧毁航天器。更令人忧心忡忡的是，或许再过几十年，太空垃圾就会达到"临界质量"，一次重大碰撞可能会导致无法控制的连锁反应，造成难以估量的损失。要清理太空垃圾，可以使用"太空鱼叉"、激光束或微型卫星收集碎片，或者在大气层中焚烧太空垃圾。

再小的太空垃圾都
会严重损害设备，
让宇航员身受重伤

## 为什么太空中的物体沿椭圆轨道运行？

　　物体围绕"母体"运行的轨道形状是引力和物体沿直线运动的惯性之间平衡的结果。如果力恰好平衡，那么轨道呈圆形。但这种情况很少见。通常情况下，轨道上运行的物体速度足够大，可以稍稍拉开与母体的距离（但不会逃离母体）。距离偏大之后，轨道速度会降低，物体的运动速度会变慢，最终又会拉近和母体的距离。因此，物体与母体间的距离会在一定区间内摆动。结果就是，物体会沿椭圆轨道运行。

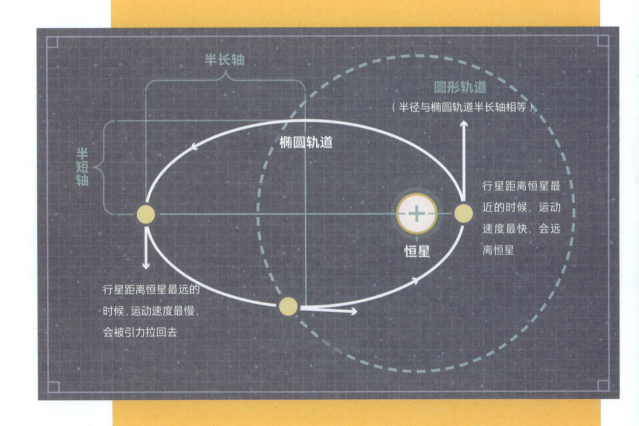

半长轴

半短轴

圆形轨道
（半径与椭圆轨道半长轴相等）

椭圆轨道

恒星

行星距离恒星最近的时候，运动速度最快，会远离恒星

行星距离恒星最远的时候，运动速度最慢，会被引力拉回去

## 宇宙中已知的最小恒星是哪一颗？

2017年，一个国际天文学家团队宣布发现了一颗所谓的红矮星，这颗红矮星非常小，几乎无法像恒星一样运转。它的代号是EBLM J0555-57 Ab，距离地球约600光年，大小与土星相似。它的质量仅够维持氢核融合，太阳等恒星的能量都源于此。再小一点，它就会变成一颗"失败的恒星"——褐矮星。

太阳

土星

EBLM J0555-57 Ab

地球

## 宇宙的中心在哪里？

宇宙可能没有边缘，所以谈论"绝对"位置没有意义。一样东西如果大到无边无际，就无所谓中心，因而探究宇宙的"中心"毫无意义。想象"中心"是宇宙源起的地方也毫无意义。因为最开始是所有地方同时发生大爆炸，此后宇宙一直在膨胀，每一个点都可以被视作膨胀的"中心"，所以，宇宙的中心既不存在又遍布各处。

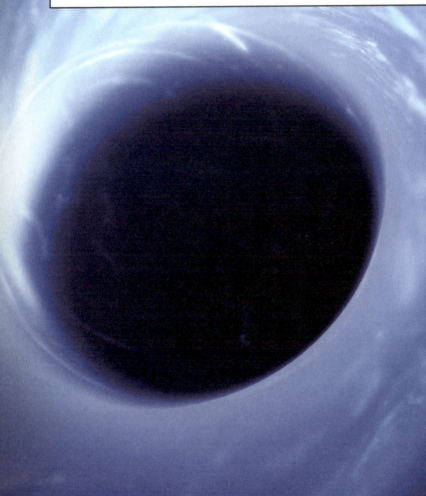

## 黑洞的质量能有多大？

    理论上黑洞的质量没有上限，但天文学家注意到，星系核心发现的超大质量黑洞（UMBHs）似乎从未超过太阳质量的100亿倍。考虑到大爆炸以来的时间，这一质量正符合我们对黑洞生长速度的预期。此外，近期研究表明，超大质量黑洞已经接近生长极限了，再大的话黑洞就会开始破坏吸积盘，无法吸收新物质，从而使黑洞缺少能量来源。

别过河拆桥：吸积盘既向黑洞提供"食物"，又限制黑洞生长

## 执行火星任务时
## 能不能重复利用国际空间站的部件？

　　基本不可能。国际空间站的部件不是为星际旅行期间将经历的各种加速或预计的辐射量而设计的，并且没有足够的生命支持、电力供应、燃料储存和对接等系统和着陆器部件。其实从长远来看，从头开始建造火星探险车要便宜得多，也简单得多。

## 宇宙的密度有多大？

天文学家通过观测宇宙微波背景（大爆炸的"遗留"辐射）的波动，证明宇宙是"平的"。这意味着宇宙的密度似乎接近临界密度，也就是引力经过无限时间后刚好停止膨胀所需的密度。现在观测到的膨胀速度表明，宇宙的临界密度大约是 $9 \times 10^{-27}$ 千克/立方米。不过，这一密度是物质和能量的总密度。观测表明，临界密度中普通物质占4.9%，暗物质（一种无法直接观测到的物质形式）占26.8%，剩下的68.3%是暗能量，这种神秘的能量场导致宇宙加速膨胀。综上，普通物质的密度大约相当于每4立方米内有1个质子。科学家目前还没有彻底弄清楚暗物质和暗能量的性质。

## 其他行星有板块构造吗？

直到20世纪60年代，人们才取得共识，地球的碎裂地壳在地壳之下的热地幔上漂移，从而经常造成地震和火山爆发。一些行星地质学家认为，火星上的某些地表特征，以及火星早期有活跃的火山这一事实，都表明这颗红色星球可能也有几个地壳板块。这一猜想尚未被证实。如果不考虑这种可能性，地球在太阳系中似乎是独一无二的，巨大的热岩对流圈驱动形成板块构造。这可能是因为地球内部一直够热，物质很容易流动，也可能是因为地球的地壳相对较薄，所以更容易裂开形成板块。

## 究竟是谁发现了哈雷彗星？

最有名的彗星无疑是哈雷彗星（Halley's Comet），1682年，英国天文学家兼数学家埃德蒙·哈雷看到它绕太阳飞行。但哈雷不是这颗彗星的发现者，哈雷彗星的发现者至少可以追溯到2000年前。公元前240年，中国天文学家注意到，这一年的5月，天空的东方出现了一颗"扫帚星"。哈雷彗星之所以以哈雷命名，是因为哈雷对这颗彗星的性质作出了重大发现。当时人们认为，彗星反复无常，是厄运的预兆。但是哈雷在研究几个世纪以来的彗星观测记录时，注意到1531年、1607年、1682年都出现了彗星。这几颗彗星出现的时间都相隔76年左右，难道只是碰巧吗？哈雷利用牛顿当时新发表的万有引力定律，证明这些观测记录记载的都是同一颗彗星，这颗彗星围绕太阳在一个巨大的轨道上摆动。哈雷预言，这颗彗星会在1758年再次出现，果然，它如期而至。虽然哈雷在世的时候没能看到彗星再现，但他的计算却发挥了关键作用，证明了所谓变幻莫测的自然现象可以通过科学的力量来理解。

埃德蒙·哈雷
（Edmond Halley）

中国天文学家张衡

哈雷彗星

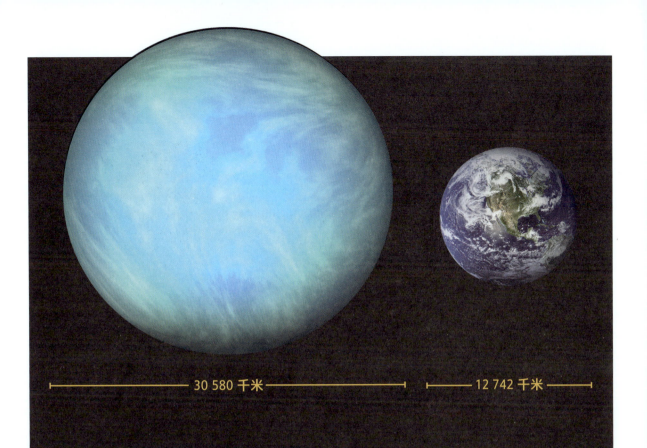

30 580 千米　　　　　12 742 千米

## 科学家怎么给行星称重？

我们可以应用牛顿万有引力定律来称量一颗行星的重量（或者说确定它的"质量"）。万有引力定律告诉我们，一颗行星施加的引力与其质量成正比。如果行星有卫星，那么这颗行星对卫星的引力必须和卫星在轨道上运动所需的向心力相等。在这种情况下，我们只需要测量卫星的轨道周期和行星与卫星之间的距离，就可以算出行星的质量。哪怕行星没有卫星，也可以利用这颗行星对其他行星轨道的影响来推断它的质量。

# 如果外星人和我们联系，会发生什么？

### 1.能否解码？

人类发射无线电信号的历史只有80年左右，但已经逐步淘汰调幅、调频等模拟传输系统，转而使用数字信号。数字信号更容易检测，但前提是已经知道编码系统。编码系统很关键，如果不知道的话，任何外星文明传输的信号听起来都和背景静电噪声没什么区别。

### 2.能否理解？

1974年，阿雷西博望远镜向球状星团M13发送了一张竖23列，横73行的图像。这张图像包含了我们的计数系统、DNA结构、宇宙中的位置，但它非常隐晦，其他生命体甚至可能无法解读。外星人的信息可能和这张图像一样，包括一系列抽象的优先级和假设，我们可能永远无法理解外星人试图表达的内容。

### 3.外星人还在吗？

即使我们收到了一条信息，理解了其中的含义，发信人也可能早已离世。2018年，美国加利福尼亚大学圣克鲁兹分校的研究人员发现，如果文明存在的时间不足10万年，检测到外星信号时外星文明还存在的概率几乎为零。因此，发送（或接收）回复的希望不大。

## 其他行星闻起来是什么味道？

天文学家最近发现，天王星的大气中含有大量硫化氢，这种化合物闻起来像臭鸡蛋。不过只有阿波罗号上的宇航员掌握其他天体气味的第一手资料，他们声称月球尘埃闻起来像用过的火药。水星的大气层非常稀薄，所以根本不会有什么味道。金星和火星像天王星一样，富含臭鸡蛋味的硫化氢。就木星而言，能闻到什么气味取决于在大气层中的位置。一些地区氨气浓度高（闻起来像清洁液），另一些地区有硫化氢（臭鸡蛋味），其他地方有氰化氢（苦杏仁味）。土星和海王星主要由无臭的氢气和氦气组成，所以可能没有什么气味。

### 2.647

系外行星NGTS-1b上一年有2.647天。2017年发现的NGTS-1b是一颗"热木星"，距离地球约600光年。

## 星系与星系之间有恒星吗？

因为星系间的空隙中物质密度太低，所以不可能自主形成恒星。尽管如此，宇宙中实际上存在大量的"星系间恒星"。据估计，处女座星系团的质量有10%以这样的形式存在。恒星是怎么出现在星际空隙的至今没有定论，不过有两种可能，都是引力相互作用的结果。一种可能是，如果恒星的母星系碰撞、合并、经过另一个星系，恒星可能会脱离母星系到达星际空隙。另一种可能是，如果恒星与超大质量黑洞（通常位于星系中心）亲密接触，运动速度会变得极快，最后，恒星也会彻底离开母星系。

## 有没有恒星靠近过太阳系？

　　恒星的位置似乎是固定的，但实际上它们也会在太空中移动：由于恒星距离地球很远，地球上的人类要过很久才能看到它们的位置变化。历史上，无数恒星曾接近过太阳系。虽然没有证据证明曾经发生过碰撞，但恒星造访期间，外行星的轨道发生了变化。这有可能是因为行星之间的引力角力，但也不能排除恒星入侵者的可能性。与恒星"近距离接触"可能会造成毁灭性的后果。奥尔特云包含大量冰碎片和彗星，位于太阳系外围，比已知的行星远得多。然而，哪怕是一光年外有一颗恒星经过，也会扰动奥尔特云，届时碎片会化身宇宙导弹冲击行星。德国马克斯·普朗克研究所（Max Planck Institute）的天文学家分析了700多万颗恒星的运动情况，评估这类事件发生的风险。幸运的是，他们发现只有格利泽710（Gliese 710）有可能会在大约100万年后扰动奥尔特云。

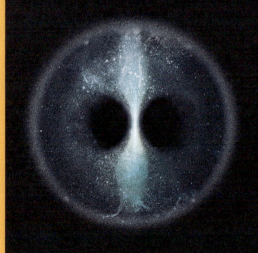

奥尔特云像球状光环一样环绕太阳系

# 为什么太阳不会一次性消耗所有的氢，像氢弹一样爆炸？

　　在太阳内部，氢原子核猛烈撞击、互相融合，释放出能量提供给太阳。在通常情况下，这些原子核都是带有相同正电荷的质子，它们相互排斥。要融合氢核需要超过150万摄氏度的高温。但这样的条件只存在于太阳的高温、高密度的核心中，而核心只占太阳总体积的百分之一，所以太阳不会一次性消耗所有的氢。

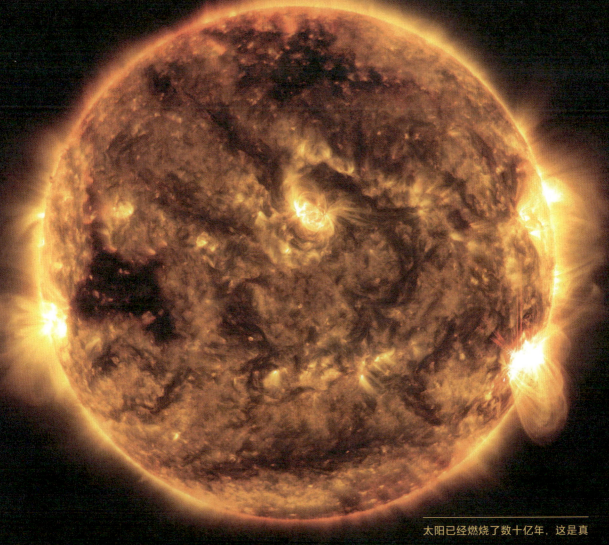

太阳已经燃烧了数十亿年，这是真正意义上的大规模核聚变

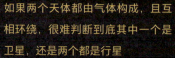

如果两个天体都由气体构成，且互相环绕，很难判断到底其中一个是卫星，还是两个都是行星

## 可能存在气态卫星吗？

气态行星比岩石行星大得多，同理，气态卫星比岩石卫星也大得多。如果卫星太小，引力就不足以大量吸附氢气和氦气这样的轻气体。但这意味着"气态卫星"的大小很可能与其母星相当，因此称之为"双行星"更为合适。气态双行星可能存在，但极其罕见，因为通常来说，行星在形成过程中，两个物体要么融合，要么偏转到不同的轨道上。所以到目前为止还没有发现气态卫星！

## 究竟是谁发现了黑洞？

虽然1967年科学家才首次提出黑洞这个说法，但这一概念却由来已久，历史上早已有人探讨过引力大到光都无法逃逸的物体。1783年，英国牧师兼业余科学家约翰·米歇尔（John Michell）认为，牛顿的万有引力定律表明这种物体可能存在。他进一步提出，尽管这种物体是看不见的，但如果碰巧有恒星环绕它们运行，我们或许就能有所发现。

事实证明，米歇尔的两个论断都有惊人的先见之明。20世纪30年代，理论学家运用爱因斯坦的广义相对论（这一引力理论较为复杂）证明，如果恒星质量很大，那它们垂死时会因自身引力而坍缩，转化为黑洞。具有讽刺意味的是，即使是爱因斯坦本人也从未相信这种奇怪的物体真的存在。

米歇尔的第二个说法在20世纪70年代初得到了证实。皇家格林威治天文台的天文学家路易丝·韦伯斯特和保罗·默丁，以及多伦多大学的学生托马斯·博尔顿（Thomas Bolton），分别宣布发现了一个巨大的隐形物体，它围绕着一颗6000光年以外的蓝色恒星运行。该物体发出强烈的X射线，代号为"天鹅座X-1"。现在人们认为天鹅座X-1是第一个确认存在的黑洞。

路易丝·韦伯斯特
（Louise Webster）

保罗·默丁
（Paul Murdin）

天鹅座 X-1（Cygnus X-1）

## 多大的望远镜才能看到系外行星？

2005 年，天文学家在智利利用欧洲南方天文台的甚大望远镜（Very Large Telescope，简称 VLT）首次拍摄到太阳系以外的行星。这颗行星编号 2M1207b，大小相当于木星的 1.5 倍，距离木星约 170 光年。这颗行星是用组成甚大望远镜的 4 台巨型望远镜中的一台探测到的，该望远镜主镜口径足有 8.2 米。

## 能否阻止小行星撞地球？

当然可以，但非常困难，且花费不菲。要点在于迫使小行星偏离碰撞地球的轨道，而不是把小行星变成危险性不减的碎片。要做到这一点，可以用非破坏性弹丸撞击它、用小行星附近的大质量航天器直接将它拖入不同的轨道、用大功率激光（或附近的核爆炸）烧蚀小行星的表面，或在小行星表面放置小型火箭。要实现上述行动至少需要5年的时间，这就是为什么对潜在的小行星撞击发出预警至关重要。

## 太阳会发出声音吗？

太阳确实以压力波的形式产生了声音。这些声音是由巨大的热气团产生的。热气团从太阳内部升起，以每小时几十万千米的速度最终冲破太阳表面，因此，太阳的大气层像一锅烧开的水一样沸腾。速度、振幅等声波的特征，取决于声波所通过的材料，因此可以通过声波特征来研究太阳的内部深处。但是很可惜，这些声波的波长可达数百千米，远远超出了人类的听觉范围。

## 既然宇宙在膨胀，为什么仙女座星系还会与银河系相撞？

　　宇宙膨胀现象规模很大：一般来说，一个星系离我们越远，它远离我们的速度就越大。但在小范围空间内，这种膨胀与单一星系的运动相比可以忽略不计。仙女座星系和银河系足够大，也足够近，两者间的引力克服了一般的膨胀而将它们拉在一起。不过不用担心，这两个星系再过40亿年也不会发生碰撞。

## 金星上的彩虹是不是很特别？

　　金星上有一种被称为"荣光"的光学现象，和彩虹一样是阳光照到云滴上时形成的。然而，彩虹由光的反射、折射、散射形成，"荣光"由云滴中的光波干扰形成。彩虹是弧状的，很宽，"荣光"则通常被视作一系列彩色的同心圆。2011年，欧洲航天局（European Space Agency，简称ESA）的金星快车探测器观测到了金星上的"荣光"，可能是由太阳光与金星大气中的硫酸或氯化铁液滴相互作用形成的。

金星没有彩虹，只有"荣光"，不过，名异实同……

# 火星生活会对人体造成怎样的影响？

### 1. 低重力

在国际空间站上生活已经显示了零重力对人体的影响，但低重力的长期影响尚不清楚。每天在特殊的健身房里锻炼一个小时，也许就足以避免肌肉萎缩和骨质疏松。但重力降低也会减少红细胞数量，损害免疫系统，而跑步机对此无能为力。

### 2. 辐射

火星上每天的地表辐射量为0.67毫希沃特，相当于每天用X射线扫描臀部。这种辐射主要以银河系宇宙射线的形式存在。火星基地可以用火星土壤来屏蔽辐射，但覆盖层需要厚达5米。即使只是花费3年时间的火星往返游，研究预测患上致命癌症的概率也高达约10%。

### 3. 有毒土壤

火星表土充满了由紫外线照射形成的高活性高氯酸盐，部分尘土会进入火星基地，被吸入或摄入人体。高氯酸盐中毒是可逆的，但在火星上人们会不断地接触到高氯酸盐。饮用水中只要有十亿分之二十五的高氯酸盐就会抑制甲状腺功能，升高血压，剂量再大就会造成肺部损伤。

# 技 术 TECHNOLOGY

塑料货币、电动车、计算机、机器人、
人工智能、全球定位系统、厕所、互联网……

## 这是什么?

在2019年的国际消费电子展上,人们在LG电子的展台可以参观到图中的装置。展品名为"大自然的曲线",旨在展示LG的柔性OLED技术,260块曲面OLED(有机发光二极管)屏幕从地面铺设到天花板,参观者满眼都是OLED屏。在大会期间,这些屏幕循环播放时长2分钟的视频,画面内容包括天空、瀑布、沙漠、雨林和星云。

与LCD和LED屏幕不同,OLED显示屏的像素可以自发光,不需要背光层,显示屏更薄、造型更灵活。

## 天气热的时候太阳能电池板的工作效率更高吗？

　　和我们想象的刚好相反：温度越高，太阳能电池板的工作效率越低！太阳能电池板的工作原理是利用进入的光子将半导体中的电子激发到更高的能量水平。但面板越热，已经处于激发状态的电子数量就越多，面板能够产生的电压就越低，效率也随之降低。温度升高之后，将光伏电荷转化为交流电的电路的电阻也会增大。现代混合型太阳能电池板在设计上已经尽量避免受温度影响，但天气热的时候，面板的工作效率仍然只有额定功率的90％。

太阳能电池板发电过程中不排放二氧化碳和其他有害污染物

## 存储的文件越多，U盘就越重吗？

　　信不信由你，存储的文件越多，U盘越轻。U盘基于闪存存储，这意味着二进制的数据存储在晶体管上。给晶体管的浮动栅充电就是0，去除电荷就是1。要充电就要加电子，每个电子的质量是0.000 000 000 000 000 000 000 000 0091克。也就是说，空的U盘（里面大部分是0）比存满数据的U盘（里面有1有0）更重。不过，两者重量差非常小，现存最精确的秤也称不出区别。

## 智能音箱会窃听谈话内容吗？

智能音箱悄无声息地待在房间里，一直在倾听人的动静，等待关键词语，比如"Hey Siri""Alexa"或者"OK Google"。一旦听到关键词语，智能音箱就会开始记录人的声音，上传到云端，这样它们就能接收到人的指令。但是，想用智能音箱持续记录对话的唯一方法就是非法入侵，修改核心软件。从这一意义来说，智能音箱和其他设备没有什么不同：大多数人都会随身携带智能手机，智能手机的麦克风连网，也有被非法入侵的风险。

## 计算机知道自己是计算机吗？

尽管人工智能领域发展迅猛，但现在还没有一台计算机能够理解自己是一台计算机，并知道什么是计算机。一般而言，计算机对外部世界知之甚少，它们专心致志，利用特定的数据集解决特定的问题。长期以来，人们一直争论不休，什么叫作计算机的意识或自我意识。而且众所周知，我们很难创造和测试计算机的意识。迄今为止，测试计算机意识最好的例子之一是美国的一项实验。研究人员分别给三个机器人一片虚拟的"药丸"，其中两个机器人会因此静音，随后研究人员询问机器人各自收到了哪种药丸。两个机器人保持沉默，而另一个机器人站起来说："我不知道。"它随即补充："现在我知道了。我已经证明，我没有拿到致哑药。"

在2015年的电影《超能查派》中，同名机器人查派被重新编程后，能够自己进行思考

# 究竟是谁发明了GPS？

20世纪70年代，美国开发了全球定位系统（GPS），30多颗卫星组成了网络。最初GPS仅供美国武装部队使用，后来被用于各行各业，从考古研究到自动驾驶汽车。

2003年，物理学家伊万·格廷博士和工程师布拉德福德·帕金森上校因发明GPS获得了德雷铂奖。虽然他们的贡献毋庸置疑，但两人都没有解决让GPS成功运行的关键问题：为每颗卫星安装一个"原子钟"。

20世纪50年代末，格廷和他的团队正在研究Transit，这个卫星网络的无线电信号可用于确定地球上的位置。这种技术需要精确的计时，但当时使用的石英钟还不够可靠。于是在1964年，美国海军开始了"Timation"计划，利用更稳定的量子效应使一组轨道上的原子钟可以精确计时。

罗杰·伊斯顿博士最早策划了"Timation"计划，在帕金森的领导和推动下，这项技术走了出实验室，得到了真正的应用。虽然格廷和帕金森很早就被列入了美国国家发明家名人堂，但是伊斯顿直到2010年才入选。

**伊万·格廷**
（Ivan Getting）

**布拉德福德·帕金森**
（Bradford Parkinson）

**罗杰·伊斯顿**
（Roger Easton）

## 如果人工智能有知觉，能不能获得与人类相同的权利？

　　如果一种生物能够感知、推理、思考，还会感觉到疼痛，我们就称它为有知觉的生物。科学家认为，所有哺乳动物、鸟类、头足类动物，可能还有鱼类，都可以被认为是有知觉的。但是大多数生物都没有获得权利，所以有知觉的人工智能可能也不会获得任何权利。人工智能还有一个严重的问题：它们会撒谎。现在，人工智能可以假装自己有情感，能理解人类。如果问Siri是否高兴，它可能会说高兴得不得了，但这是一句空话，因为它并不是真正觉得高兴。未来，人工智能可能会进化，与它们打交道更加困难。问题在于，我们怎么知道人工智能是真的有知觉，而不是假装自己有知觉？

## 为什么有的机器人具有和人类相似的外表？

　　人类一直很想创造与自己相似的自主机器，如果是需要与人类密切打交道的机器人，长得像人会比较亲切。如今科技已经非常发达，能够制造出类似人类的机器人，比如本田的ASIMO、波士顿动力公司的Atlas、意大利理工学院的儿童型机器人iCub。但类人机器人还有很大的发展空间。而且，类人机器人几乎和人一模一样的时候，会因为它们毕竟不是人而看起来非常吓人。或许，按需打造机器人的形状，才能最大限度发挥它们的功能。

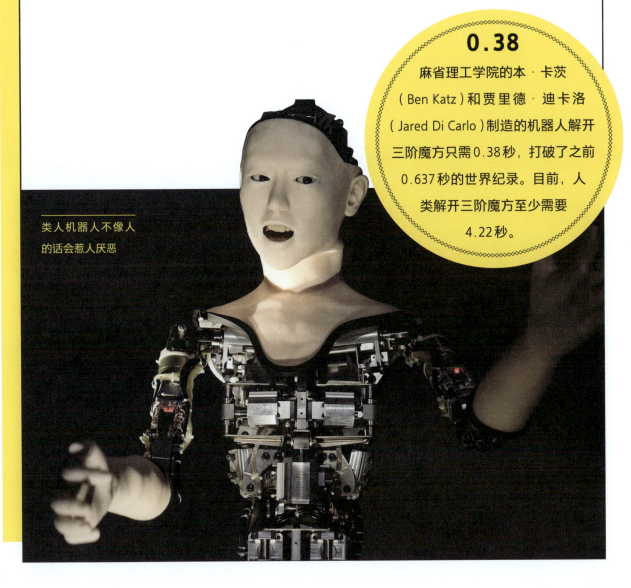

类人机器人不像人
的话会惹人厌恶

**0.38**
麻省理工学院的本·卡茨（Ben Katz）和贾里德·迪卡洛（Jared Di Carlo）制造的机器人解开三阶魔方只需0.38秒，打破了之前0.637秒的世界纪录。目前，人类解开三阶魔方至少需要4.22秒。

# 发送电子邮件会产生碳足迹吗？

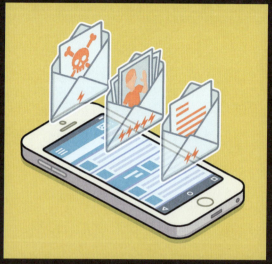

## 1. 比信件节能

我们发送的每一封电子邮件显示出来都要用电，而网络连接在传输邮件的时候也会用电。在互联网上传输电子邮件时，每台服务器在传递邮件之前，暂时存储邮件也需要用电。不过，发送一封电子邮件所耗费的能源大约只有递送一封纸质信件的1.7％——但电子邮件的数量更多！

## 2. 邮件附件

通常来说，发一封电子邮件耗费的电力相当于排放了4克二氧化碳。如果邮件含有图片附件，就需要额外的存储空间，传输时间更久，所以碳足迹会上升，平均下来一封电子邮件的碳足迹是50克二氧化碳。大多数垃圾邮件会被邮件服务器自动删除，收信人不会看到，因为没有进行大范围传播，所以也就没有消耗多少能源。

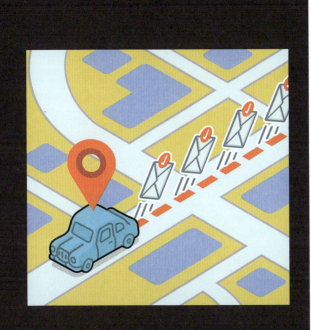

## 3. 与开车相比

发送65封电子邮件产生的碳排放量大致相当于开车1千米。一年之中，发达国家人均因收发电子邮件而增加了136千克的二氧化碳排放量，相当于多开了320千米的车。在全球范围内，因使用电子邮件产生的二氧化碳相当于道路上多了700万辆汽车。

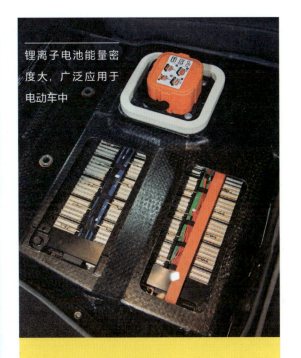

锂离子电池能量密度大，广泛应用于电动车中

## 电动车撞毁后，是否有火灾或触电风险？

虽然锂电池看起来很环保，但一旦损坏会导致严重后果。电动车的锂电池被冷却液包围。如果冷却液泄漏，锂电池就会发热起火。另外，锂电池含有电荷，如果发生事故，急救人员必须避免接触或切割高压单元，以避免性命之忧。汽车设计师已经努力降低了火灾和触电风险，但到目前为止，他们还无法完全消灭风险。

## 为什么不用乐高积木建造真实的大型建筑？

　　一块普通的乐高积木上可以叠加37.5万块积木，这样就可以建造一座近3.5千米高的塔！但乐高太贵，不能当作大型建筑物的建筑材料。不过，用其他材料也可以实现乐高式的建筑技术。保温混凝土模板用聚苯乙烯泡沫空腔板建造墙壁，然后在空腔内浇注混凝土。在发展中国家，人们用压缩土块混合水泥，紧密排列，以替代砖块和灰浆。

## 自动驾驶汽车能否使用回声定位？

想探测水中的障碍物，发出声波、倾听回声是个好办法——潜艇可以探测到好几千米外的物体。但声音在空气中的传播效果就不太好了。蝙蝠只能探测到20米以外的物体，条件恶劣的话，只能探测到距离2米左右的物体。光受大气条件的影响较小，所以自动驾驶汽车使用激光雷达，向物体发射红外激光，通过反射回来的光线探测物体情况。

激光雷达可以绘制无人驾驶汽车周边的"地图"

## 能不能在电动车的轮子上安装发电机，这样就能拥有源源不断的能量？

一些汽车减速时可以从车轮中回收能量。一级方程式赛车已经采用动能回收系统（KERS），刹车时可以将多余的能量储存起来，之后加速时再释放能量。电动车通常使用再生制动，可以把车轮的速度转化为电能，为电池充电。这些系统都是提高效率的好方法，但就像宇宙中的其他事物一样，它们不能百分之百地转化能量。遗憾的是，根据物理定律，不存在永动机，所以不可能有源源不断的能量，我们只能尽力做到不浪费能量。

## 氢燃料电动车比传统锂电池电动车更环保吗？

电动车如果不用锂离子电池而采用氢燃料电池，可以实现二氧化碳零排放（氢气与空气中的氧气结合，尾气只有水），并且能快速补充燃料。给电池充80％的电至少需要30分钟，但加满一罐压缩气体只需要5分钟。不过，目前大多数氢气是从天然气中制取，制造过程要求高温，也会耗费大量能源。不久的将来，也许我们可以利用太阳能提供的电力通过电解水制造氢气，这样一来，氢燃料电动车就能和其他由可再生能源驱动的电动车一样环保了。

## 电动车和汽油车相比，孰优孰劣？

这取决于当地的发电方式。如果是由太阳能电池板供电，那么开电动车就可以实现二氧化碳零排放。如果是由化石燃料发电厂供电，那么无非是将开电动车排放的废气转移到工厂的烟囱里罢了。不过，大型发电站把燃料转化为能源的效率比小型发动机更高，而且烟囱的废气清理起来也更容易，所以，即使在化石燃料发电厂供电的地区，电动车的二氧化碳排放量总体上还是比汽油车低。另外，如果当地附近有风力发电厂或其他可再生能源发电厂，电动车也比汽油车更环保。

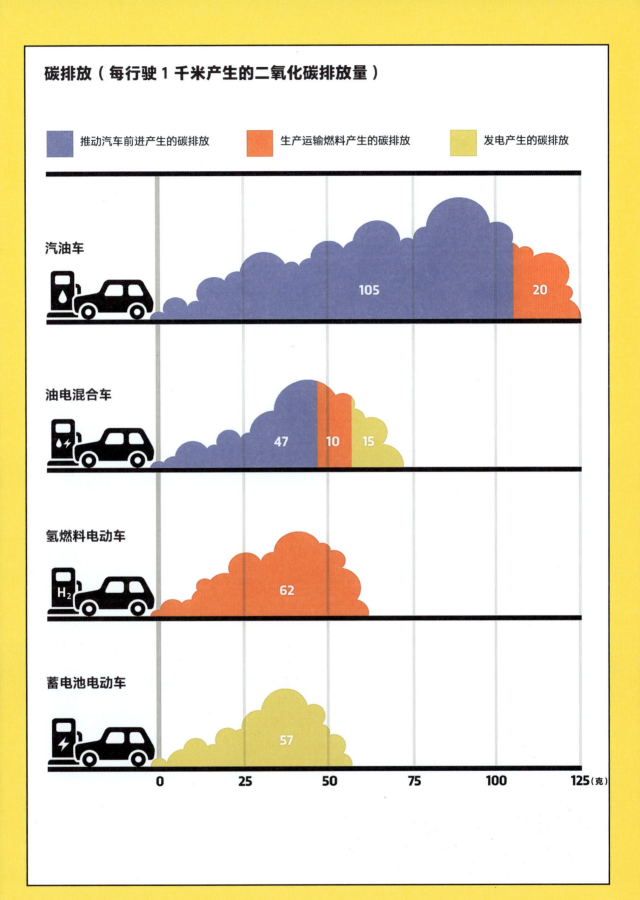

## 为什么短视频让人无法自拔？

短视频，是不是真的和尼古丁、酒精等物质一样让人上瘾，尚有争议。话虽如此，但许多人确实花了很多时间刷短视频，往往比他们计划的时间要多。短视频立足于大数据的精准投放，短、平、快是其内容的特点。人们在看短视频的时候情绪被调动起来，大脑不断受到一个又一个刺激。现代常见的焦虑情感可能会促使人们将刷短视频视为逃避压力的手段。缺乏自控力的人可能更难从这种逃避中抽离出来，从而对短视频产生过度依赖。

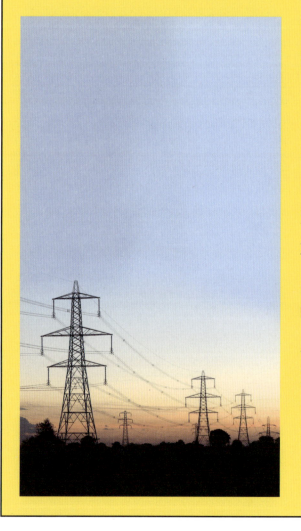

## 为什么高压电源线会噼噼啪啪、嘶嘶作响？

这主要是因为高电压对电缆周围空气的影响。正常情况下，空气是电的不良导体。但如果在短距离内施加足够高的电压，空气分子中的电子就会游离出来，形成电流。这反过来又会急剧加热空气，产生噼啪声和嘶嘶声。在潮湿的天气里这种情况很常见，因为潮湿的时候空气的导电性更好。

# 到底是谁发明了抽水马桶？

约翰·哈林顿爵士
（Sir John Harington）

托马斯·克拉珀
（Thomas Crapper）

通常认为，抽水马桶对人类健康贡献极大。每当问起抽水马桶的发明人，知道答案的人——或者至少是自以为知道答案的人——都会微微一笑。他们通常认为发明者是英国维多利亚时代一位名叫托马斯·克拉珀的水管工。

克拉珀确有其人。他改革创新，申请了U形弯管和浮动球阀的专利，这都是现代抽水马桶的关键部件。商业上，他还大力推动在抽水马桶旁安装洗手盆。因此，确实可以认为是克拉珀发明了盥洗室，也就是既有抽水马桶又有洗手盆的房间。

但克拉珀并没有发明抽水马桶。抽水马桶的基本原理是用水冲走排泄物，这一想法可以追溯到青铜时代。大约4000年前，印度河流域的城市就有了先进的卫生设施——包括用自来水冲洗的公共厕所。

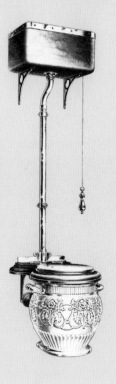

一般认为，英国伊丽莎白时代的大臣约翰·哈林顿爵士在1596年发明了现代抽水马桶的前身，安装在里士满宫。尽管王室支持使用抽水马桶，但是公众长期排斥，认为过于铺张浪费。

# 动 物 ANIMALS

猫、狗、鲸鱼、牡蛎、章鱼、恐龙、
海鸥、蛞蝓、虫子、鸡……

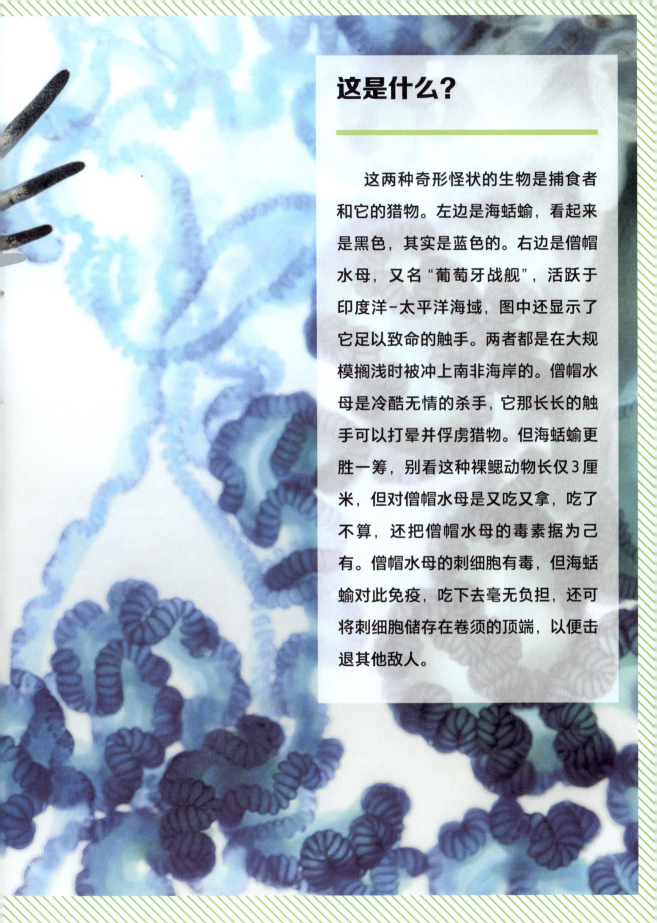

# 这是什么？

这两种奇形怪状的生物是捕食者和它的猎物。左边是海蛞蝓，看起来是黑色，其实是蓝色的。右边是僧帽水母，又名"葡萄牙战舰"，活跃于印度洋-太平洋海域，图中还显示了它足以致命的触手。两者都是在大规模搁浅时被冲上南非海岸的。僧帽水母是冷酷无情的杀手，它那长长的触手可以打晕并俘虏猎物。但海蛞蝓更胜一筹，别看这种裸鳃动物长仅3厘米，但对僧帽水母是又吃又拿，吃了不算，还把僧帽水母的毒素据为己有。僧帽水母的刺细胞有毒，但海蛞蝓对此免疫，吃下去毫无负担，还可将刺细胞储存在卷须的顶端，以便击退其他敌人。

长颈鹿喜欢吃青翠欲滴的叶子。太阳倒是不会烫熟叶子，但长颈鹿依然可能被烫伤舌头

## 为什么长颈鹿的舌头是紫色的？

　　哪个幸运儿要是被长颈鹿舔过，就会注意到它们的舌头长达50厘米，看上去有点蓝，也可能是紫色，甚至接近全黑，舌头的颜色取决于长颈鹿体内"黑色素"的密度。目前还无法解释为什么长颈鹿的舌头是这个颜色，不过，主流理论认为黑色素可以防紫外线，防止脆弱的舌头在获取高处的食物时晒伤。

## 马为什么没有脚趾？

很久很久以前，马其实有脚趾：5500万年前，始祖马有好几个脚趾。始祖马个头很小，有脚趾影响不大，但对体型更大的动物来说，腿上要是有多余的重量就会大大影响奔跑速度。哈佛大学最近的一项研究发现，宽大的蹄子和若干小脚趾差不多强壮，但蹄子要轻得多。进化过程中，为了跑得更快，马的侧脚趾被淘汰了，中心脚趾则越长越大。

## 动物也玩音乐吗？

除了人类的歌声之外，很多动物发出的声音都可以被视作音乐，甚至还有动物音乐学专门研究这类问题。在动物发出的声音里，人最熟悉的就是鸟鸣了，但鸟鸣真的是音乐吗？2012年的研究发现，夜莺鹟鹩的歌声不在西方音乐的音阶之内，所以觉得鸟鸣像音乐可能只是错觉——至少听觉上是错觉。和人类音乐最像的动物音乐不在陆上，在水里。雄性座头鲸能创作出复杂的歌曲，结构与人类的歌曲非常相似，"旋律"一遍遍循环，"语尾"一次次重复，跟歌词押韵一样。难怪1970年的专辑《座头鲸之歌》热卖，销量是白金唱片的许多倍，被认证为"多白金唱片"。

## 动物也会得自闭症吗？

　　自闭症是一种在人类身上发现的神经发育不良状况，部分诊断标准（如语言发育迟缓）不适用于动物。话虽如此，有些动物确实会表现出类似自闭症的特征，比如倾向于重复特定的行为，或者表现出社交障碍。举个例子，牛头梗经常不停地追着自己的尾巴跑，而有些自闭症儿童也喜欢转圈，有专家认为两者性质类似。

## 为什么跟狗狗说话的时候，狗狗会仰起头？

　　狗狗能听到的声音比人多，但听不清楚。仰起头竖起耳朵可以更快找出声音的来源，理解人类的语气，捕捉到像"散步"这样熟悉的词语。狗狗行为专家斯坦利·科伦博士认为，短吻狗能比较清楚地看到人类的表情，离了耳朵也能理解人类的言行，所以较少仰头。

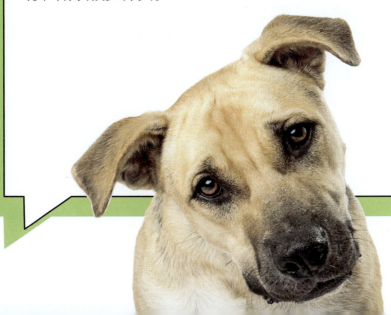

## 论体重，和爸爸妈妈相比，哪种动物的宝宝最大？

几维鸟和鸡一样大，但雌性几维鸟产下的蛋足足有体重的一半！几维鸟蛋大是因为蛋黄大，小几维鸟出生后，第一周就靠蛋黄维生。右边的图片分别展现了宝宝特别大和特别小的动物（参照物是人类的宝宝）。

### 动物宝宝与成年动物体重之比

几维鸟（蛋）（1/2）

长颈鹿（1/10）

白鲸（1/17）

人类（1/22）

大象（1/26）

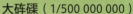
大砗磲（1/500 000 000）

翻车鱼（1/1 500 000）

红袋鼠（1/100 000）

蜜袋貂（1/2400）

大熊猫（1/900）

## 没有人的话，海鸥还活得下去吗？

英国城镇常见的海鸥是银鸥。自20世纪60年代以来，越来越多的银鸥迁移到内陆觅食生活：气候变化导致海洋温度上升，加上过度捕捞，鱼类不得不潜到更深的地方寻找可以吃的浮游生物，海鸥吃不到鱼，不得不在垃圾堆里找吃的，或者从人类手里讨食。它们常常看起来很讨厌，但有些种类的海鸥已经濒临灭绝。如果没有人类，海鸥就能在自然界找到食物，不必仰人鼻息，所以权衡之下，没有人，海鸥的日子会好过得多。

在自然栖息地，海鸥可能会首选吃鱼，但如果在城市，薯片就能让它心满意足

## 狮子为什么有鬃毛？

雄狮性成熟时，由于分泌睾丸激素，头部、颈部和腹部都会长出浓密的鬃毛。有趣的是，绝育过的雄狮通常一点儿鬃毛都没有。鬃毛越长，颜色越深，就越能吸引雌狮，如此看来，鬃毛似乎是性吸引力的标识。由于狮子通常生活在开阔的热带草原，鬃毛让雄狮一眼看上去就很强壮、很厉害，在进化上是有益的。鬃毛还能保护雄狮，避免在打斗中受伤。

## 袋熊的便便为什么是方形的？

袋熊是食草动物，专吃坚硬的草和草根。它们消化食物很慢，慢到14天才能完全消化食物。由于肠道空间有限，便便长时间在肠道里堆积，都被压实了，大体上变成了一个立方体：在有限的肠道空间里，立方体比较容易拼接。等到袋熊排泄的时候，便便已经又干又硬，圆圆的肛门已无法将它们挤压成圆形了。

## 猫咪会微笑吗？

猫咪肌肉发达，能够做出类似微笑的面部表情，但这不代表它很开心。猫咪嗅到特定的气味（尤其是富含信息素的气味，比如尿液）会发生"裂唇嗅反应"：气体分子到达上颚，猫咪通过犁鼻器分析气体中的信息。裂唇嗅反应的特点是仰头眯眼翻起上唇，看起来就像在微笑。当猫咪表现出攻击性时，也会龇牙咧嘴。如果猫咪觉得惬意，它会发出咕噜咕噜的声音，缓慢眨眼，踩奶，脑袋蹭来蹭去，喵喵叫，甩尾巴——但绝不会微笑！

动物如果对跳蚤过敏，会出现严重的瘙痒，甚至可能在被咬后患上皮炎

## 动物会过敏吗？

会。猫、狗和马都会过敏，跟人差不多。动物过敏主要有三种情况：食物过敏、跳蚤过敏以及环境过敏，环境过敏原包括草花粉和霉菌孢子。比起野生动物或大部分时间在户外活动的散养动物，家养宠物过敏更常见。这可能是因为人类房间的卫生条件较好，宠物的免疫系统没有用武之地，因而对环境中通常无害的颗粒也一惊一乍。一般来说，动物越老越容易过敏。

## 鸟会尿尿吗？

会，但不像人那样尿尿！同样是代谢多余的氮，人类会产生尿素，鸟类则会把它转化为糊状的尿酸。这一转化有着十分充分的原因。尿素的毒性比尿酸大，如果尿素在鸟蛋蛋壳里堆积，会荼毒未孵化的雏鸟。另外，鸟类没有膀胱，不能储存尿液，所以荷载小，飞行更轻松。鸟类只有泄殖腔一个排泄口，所以排泄物是粉状的白色尿酸混合着深色的便便。

## 猫为什么怕黄瓜？

前一阵，网上流传了很多这样的视频：猫咪猛地看见一根黄瓜，当场炸毛。猫咪对周围环境很敏感，所以随便什么东西突然出现都会吓到它们。黄瓜乍一看也挺像蛇的，这可能是引发极端反应的原因。因此千万不要在家里对着猫突然掏出一根黄瓜——猫咪会崩溃的！

## 狗为什么吃草？

2008年，研究发现68％的狗经常吃草，但只有22％的狗吃完草后会生病，所以狗似乎不是因为生病而吃草。狼也吃草，可能是为了清除肠道寄生虫。狗吃草或许是继承了祖先的行为习惯。不过现在大多数宠物都会定期驱虫，没必要通过吃草除虫。

## 鸟在哪儿睡觉？

通常，鸟类睡觉时大脑只有一个半球休息，另一个半球是清醒的，这就是所谓的"单半球"睡眠。即便如此，鸟类睡觉的时候还是很容易被天敌吃掉。为了避免丧命，鸟类会精心挑选休息的地点：水面上、没有天敌的岛屿上、茂密的灌木丛中、高耸入云的树上、洞穴里（烟囱就不错）。安全起见，鸟类休息的时候通常会成群结队，一群鸟有几百只甚至上千只。

## 为什么蚂蚁排队走路？

蚂蚁是高度社会化的昆虫，几百万只蚂蚁群居生活，以团队形式工作。蚂蚁成功的核心是其优秀的沟通技巧。它们高度依赖化学气味，即所谓的"信息素"，来保卫领地，交换复杂的信息——食物来源、巢穴的位置、捕食者的存在。每种蚂蚁都有自己的化学词汇，由多达20种不同的信息素组成，信息素分泌后可以形成特定的气味轨迹。蚂蚁用触角末端翻译这些化学"词汇"，接受引导，排成一列，前往目的地。

蚂蚁行进时看起来很有组织性，但它们只是跟着鼻子走而已

## 十大嗜睡动物（根据一天24小时中的睡眠时长排名）

**①** 考拉 20～22小时　**②** 树懒 20小时　**③** 棕蝠 19.9小时　**④** 巨犰狳 18.1小时　**⑤** 北美负鼠 18小时

## 导盲犬知道主人是盲人吗？

种种迹象表明，狗具备"心智理论"能力，明白人和狗的思维方式不同。但狗对人的理解也就止步于此了，它们并不明白不同的人为什么行为方式不同。视觉这一概念，包括失明，过于复杂，我们认为狗无法理解看不见是什么意思。但是狗可以通过训练理解盲人的需求，并相应地调整自己的行为。有趣的是，研究表明，导盲犬在乞食时仍然会观察主人的脸色，和普通人的狗没什么两样。

5 蟒蛇 18小时    7 夜猴 17小时    8 婴儿 16小时    9 老虎 15.8小时    9 树鼩 15.8小时

## 章鱼有几颗心脏？

　　章鱼有三颗心脏：一颗向全身泵送血液，另外两颗向鳃泵送血液。章鱼的心脏与众不同，可能是因为章鱼的血液成分不同寻常。脊椎动物的红细胞含有富含铁的血红蛋白，而章鱼的血液中直接溶解了富含铜的血蓝蛋白（所以章鱼的血是蓝色的）。同样是运输氧气，血蓝蛋白的效率不如血红蛋白。为了弥补效率差，让章鱼自由自在地生活，三颗心脏以较高的压力向全身泵送血液。

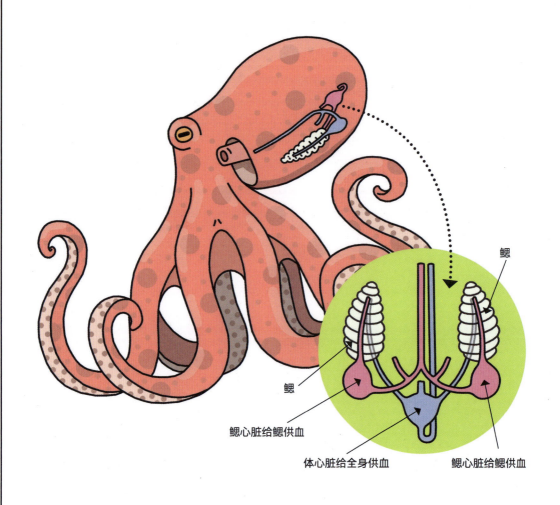

鳃

鳃

鳃心脏给鳃供血

体心脏给全身供血

鳃心脏给鳃供血

## 鹦鹉为什么会"说话"？

野生鹦鹉群居生活，每只鹦鹉都要学会自己种群的"口令"，知道口令的是种群的一员，不知道的就不是。鹦鹉的脑部扫描显示，它们的大脑结构和鸣禽不同，这就解释了为什么它们如此擅长模仿声音。圈养的鹦鹉被单独关在笼子里，只能听到人类的谈话，因此自然而然就会模仿人类的语言。

- - - - - - - - - - - - - - - - - - - - - - - - - - - - - - - - - - - - - - - - - - - - - - - - - -

## 为什么牡蛎会产珍珠？

这是牡蛎的免疫反应。常见的说法是沙粒进了牡蛎体内，其实是因为牡蛎体内有寄生虫或受伤了。牡蛎的外套膜细胞会在体内异物周围形成珍珠囊，珍珠囊分泌出的碳酸钙和贝壳硬蛋白，将异物层层包裹，形成一道不透水的屏障。

# 如果蝙蝠是瞎子，那它长眼睛有什么用？

虽然英语谚语用蝙蝠形容有眼无珠、视而不见，但蝙蝠并不是瞎子。所有蝙蝠都靠视觉来寻找食物、躲避捕食者以及往返栖息地。蝙蝠是夜行性哺乳动物，眼睛里有大量视杆细胞用于感光，可以最大限度提高夜视能力。但大多数蝙蝠在夜里会通过回声定位来寻找猎物，它们发出超声波，通过听回声辨别位置。因此，蝙蝠既能用眼睛看，也能用耳朵"看"。

灰头狐蝠不会回声
定位。它依靠视觉
和嗅觉来觅食

## 能不能训练猫猫狗狗吃素？

　　理论上可以训练狗吃素，但很难。狗狗和人类至少一起生活了14 000年，或许是因为分享了人类的食物，它们已经进化出额外的消化酶，可以消化植物淀粉。但在2015年，美国加州大学戴维斯分校的研究人员发现，25%的商业素食狗粮所含的必需氨基酸比例不当。自制狗粮更糟糕。早在1998年，研究人员就发现，用自制素食或自制全素狗粮喂养的狗中，有50%饮食不全面。想训练猫吃素就更难了。猫在野外是彻头彻尾的肉食动物，牛磺酸等好几种氨基酸只有肉里才有，猫咪自身无法合成，也无法储存，所以必须根据猫咪的年龄和体重量身定做素食食谱。牛磺酸摄入过少会导致猫咪失明和心力衰竭，过多则会导致尿路感染。吃肉的猫咪可以从肉类中吸收所需的牛磺酸，但素食中添加的合成牛磺酸形式多样，吸收率也不同。所以猫咪想通过吃素达到营养均衡非常困难。

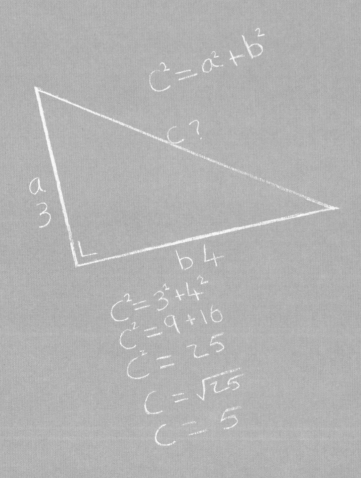

# 物理与数学
## MATHS & PHYSICS

反物质、量子效应、质数、引力波、时间、
希格斯玻色子、核裂变……

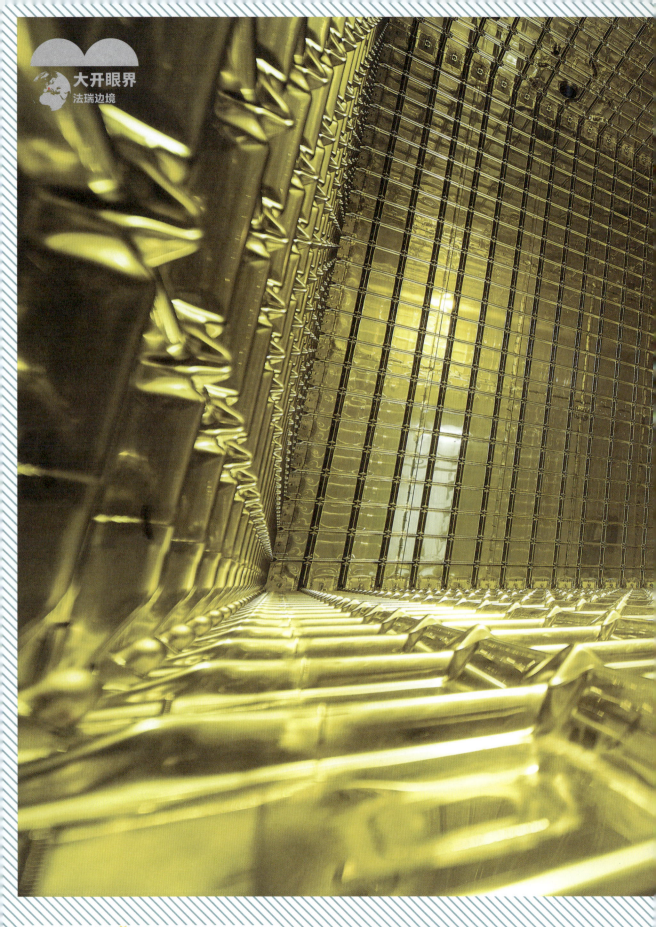

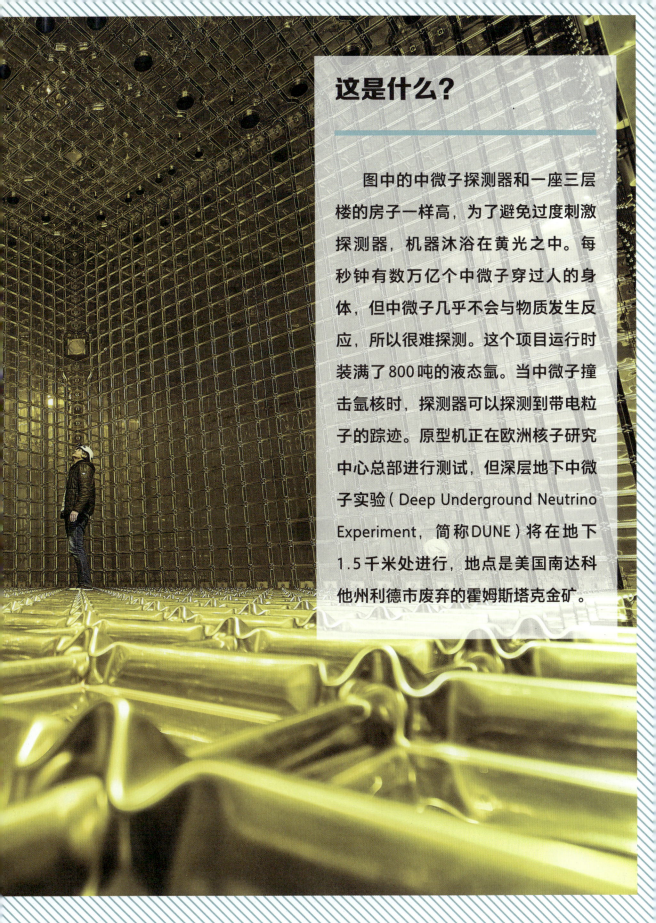

## 这是什么？

图中的中微子探测器和一座三层楼的房子一样高，为了避免过度刺激探测器，机器沐浴在黄光之中。每秒钟有数万亿个中微子穿过人的身体，但中微子几乎不会与物质发生反应，所以很难探测。这个项目运行时装满了800吨的液态氩。当中微子撞击氩核时，探测器可以探测到带电粒子的踪迹。原型机正在欧洲核子研究中心总部进行测试，但深层地下中微子实验（Deep Underground Neutrino Experiment，简称DUNE）将在地下1.5千米处进行，地点是美国南达科他州利德市废弃的霍姆斯塔克金矿。

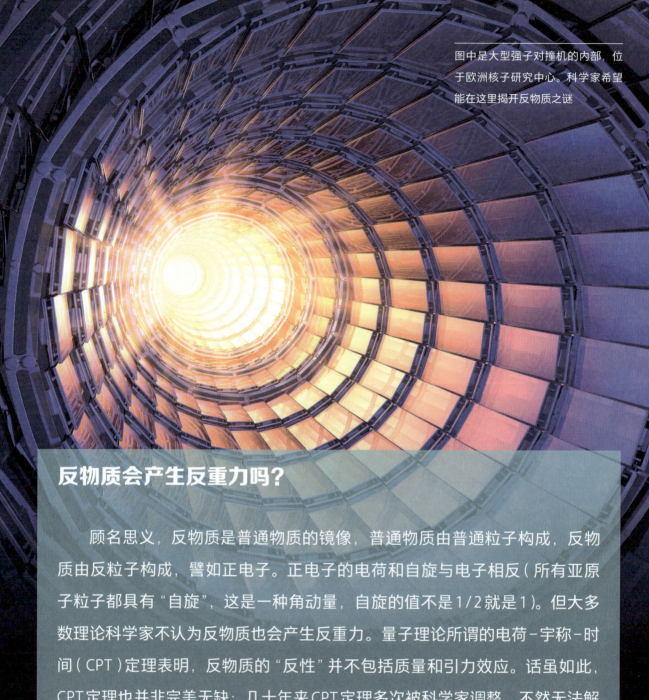

图中是大型强子对撞机的内部，位于欧洲核子研究中心。科学家希望能在这里揭开反物质之谜

## 反物质会产生反重力吗？

顾名思义，反物质是普通物质的镜像，普通物质由普通粒子构成，反物质由反粒子构成，譬如正电子。正电子的电荷和自旋与电子相反（所有亚原子粒子都具有"自旋"，这是一种角动量，自旋的值不是1/2就是1）。但大多数理论科学家不认为反物质也会产生反重力。量子理论所谓的电荷－宇称－时间（CPT）定理表明，反物质的"反性"并不包括质量和引力效应。话虽如此，CPT定理也并非完美无缺：几十年来CPT定理多次被科学家调整，不然无法解释新发现的现象。2018年，欧洲核子研究中心的实验人员开启了新计划。他们借助中心的大型强子对撞机（Large Hadron Collider，简称LHC），在真空中释放反物质粒子，观测是否会出现奇怪的现象。如果反物质粒子上升，或许就能说明反重力的存在。

## 发现更大的质数，有什么意义吗？

迄今为止发现的最大的质数长度超过 2400 万位，代号为 M 8289933，由全球计算机爱好者团队的成员发现。但这一发现除了带来转瞬即逝的名声和一张 3000 美元的支票外，似乎没有什么意义：连古希腊人都知道，质数无穷无尽。寻找更大的质数的实用价值只有一个：利用搜索算法锻炼新的计算机硬件。

## 数学是发现还是发明？

1加1等于2，质数有无数个，都是现实世界的真理，它们一直成立，哪怕是数学家还不知道它们成立的时候，因此，数学是发现——但数学是用数学家发明的技术发现的。举个例子，根据毕达哥拉斯定理，一个直角三角形的斜边的平方等于另外两条边的平方之和，这一定理对平面上的所有直角三角形都成立，所以这一定理是发现。不过，要证明定理成立，需要设计证明方法。几个世纪以来，数学家已经设计出数百种不同的技术，能够证明该定理。总之，数学既是发明，也是发现。

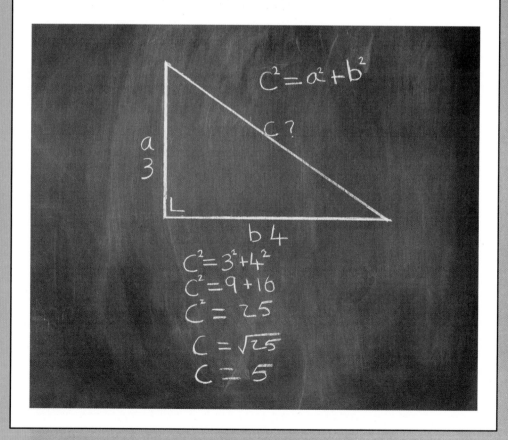

## 有没有小型强子对撞机？

　　大型强子对撞机用于探究物质的本质，它的力量之大，前所未有，所以刚开始建造就成了头条新闻。但大型强子对撞机的诞生并非一蹴而就。数十年来，人们一直在研究，怎样才能用更大的力让亚原子粒子相撞。20世纪60年代，物理学家不再简单地用一束粒子撞击一个静止不动的目标，转而研究如何通过两束粒子相互撞击来提高粒子碰撞的能量。1970年，日内瓦附近的欧洲核子研究中心的科学家发明了交叉储存环，它利用磁铁加速，然后让两股质子（属于"强子"家族的粒子）对撞。这是世界上第一台强子对撞机。尽管它的直径只有150米，但比起"打靶"，对撞设计把碰撞能量提高了30倍。30多年后，同样的基本理念被融入大型强子对撞机中，它的直径超过8.5千米，对撞能量提升到200倍。

## 宇宙膨胀，原子也膨胀吗？

宇宙膨胀会影响时间和空间，但这一影响只在比整个星系团更大的尺度上比较显著。在这个尺度之下，物体的大小更受其他因素的影响，原子的大小主要受电磁力影响。即便是极端精密的测量，也没有发现任何证据能证明原子的基本特性随宇宙膨胀有所不同。

## 强大的引力波穿过身体会怎么样？

任何涉及物质的暴力事件，例如两个黑洞相撞，都会向外辐射引力波。然而引力波和引力一样非常微弱，必须离引力源非常近才能感觉到。这种感觉肯定很奇怪，引力波会有节奏地拉伸、挤压身体。但要感觉到引力波必须离黑洞很近，所以永远没有活人能描述引力波穿过身体的感觉。

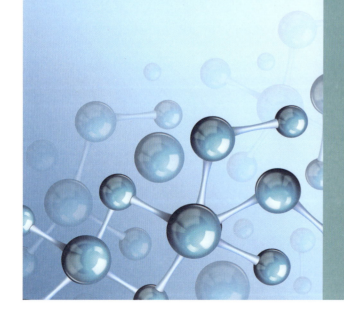

## 要想感觉到地球旋转，地球得多小？

坐在旋转木马上会感觉到它在旋转，这是因为它的半径太小，作用在身体不同部位上的离心力大小明显不同。要想感觉到地球在旋转，地球必须非常小，小到无法忽略人的身高。不过，地球如果真的变得那么小，人不可能有机会感觉到它在旋转，因为在此之前地球已经因为自身的离心力而四分五裂了。

## 为什么有些东西有磁性？

因为原子内部的电子在运动。电子在导线中运动产生电流，电流产生磁场。原子内部的电子也在运动：电子不停自转，并绕原子中心的原子核旋转。大多数原子产生的磁场效应很弱，但在铁原子等原子中，在某种亚原子力的作用下，相邻原子的电子自旋磁矩平行排列，磁场叠加，产生的总磁场超出了原子范围，于是产生了磁性。

## 在泳池的深水区游泳，会比在浅水区更费劲吗？

游泳时，水会产生三种阻力：水的"黏性"产生的摩擦力、造波阻力和耐压性阻力。除非水太浅，人的胸部所占深度已无法忽略不计，否则浅水和深水的阻力都一样，游起来同样费劲。

## 有没有日常能观察到的量子效应？

量子效应支配原子的活动，是一切事物存在的基础。植物将阳光转化为化学能、微芯片中半导体的行为，都基于量子效应。或许，演绎量子效应最精彩的是磁铁，既纯粹又简单。人人都知道磁性，但未必知道，没有量子效应就不可能有磁性，没有量子效应就无法解释原子的必要行为。一块简简单单的条形磁铁之所以能够吸起一根针，是因为所谓的泡利不相容原理。泡利不相容原理决定了电子的排列方式，是量子理论的关键组成部分。

## 为什么我们感觉不到大气压？

地球上的空气每时每刻都压在每一个人身上。海平面的大气压力是每平方米10吨左右，所以一个人站着不动也要承受一辆小汽车的重量。感觉不到大气压是因为人体内（例如肺部和胃部）的空气向外施加同样的压力，内外没有压力差，人也就不用费劲地与大气压抗衡了。

## 两面镜子相对放置，镜像是无穷无尽的吗？

电梯里、洗手间里，镜子相对放置，形成多重反射，非常有趣。虽然产生的镜像似乎无穷无尽，但实际上镜像会逐渐变暗，变淡，直至消失不见。这是因为每次光线照在镜子上时，都会被镜子吸收一小部分。因此，再清晰的镜子产生的镜像也不可能超过几百个。

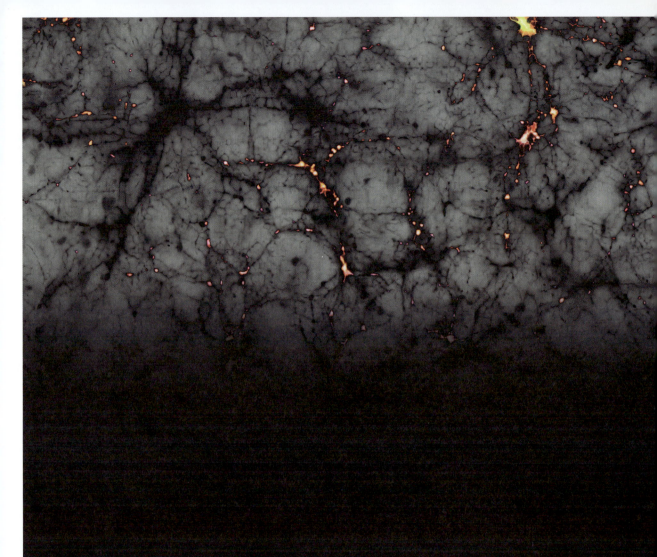

## 什么是奇异物质？

　　这是物理学家对具有怪异特性的物质的总称。不同物理学领域的物质怪异程度不一。举例而言，低温学（研究超低温）领域的科学家会研究所谓的超流体，例如，氦的同位素量子性质奇特，能够无视重力，在容器内部向上攀爬，越过容器口。但最奇特的奇异物质是宇宙学家的研究对象，例如所谓的暗物质。一般认为暗物质遍布星系，是某种形式的奇异粒子，与构成标准物质的普通粒子 —— 质子、中子和电子完全不同。

## 数学有诸多未解之谜，其中最简单的是什么？

如果"最简单"指最容易解释的话，那么应该是"孪生质数猜想"，它的问题描述即使孩子也能理解，但迄今为止世界上最优秀的数学家也无法证明。质数是整数的基本构成要素，任何整数要么是质数，要么可以以唯一的方式分解为一串质数的乘积。依序写出质数（2，3，5，7，11，13，17，等等），可以发现两个规律。首先，质数越来越稀：1到100之间的数字，25%是质数，而1到10亿之间的数字，只有5%是质数。虽然质数越来越稀，但似乎仍然有无穷无尽的"孪生质数"，即两个质数相差2，如3和5、29和31、41和43。2300多年前，古希腊数学家欧几里得证明质数无穷无尽，所以孪生质数似乎也可能无穷无尽。但这称不上证明。目前数学家只能证明，差值不超过246的质数对无穷无尽。

## 为什么光会离开光源？

光是电磁学定律的一种表现。电磁学定律表明，加速电荷源所产生的能量会转化为电磁能量波，以光速从电荷源扩散出去。换而言之，光无法保持静止。

## 如果能量不能被创造，那能量从哪儿来？

课本上说能量是无法被创造的，只能从一种形式转换到另一种形式。但在宇宙万物诞生时，大爆炸所需的能量肯定有源头。许多宇宙学家认为大爆炸的能量来源于所谓的量子不确定性。众所周知，量子不确定性可以凭空产生能量。然而目前还不清楚，为什么凭空创造的宇宙能量能够持续存在，甚至推动了宇宙大爆炸。

## 搅拌的话，茶会凉得更快吗？

会，但没必要。茶杯里的金属勺子就像散热器，将热量传导到空气中。如果同时用勺子搅拌，会把中心较热的液体带到边缘，可以冷却得更快。但实验表明，一杯茶搅拌10分钟，温度只比静置的茶低2℃。最快的降温方法还是多加点牛奶或者加点凉开水。

## 为什么热水比冷水溶解力强？

　　溶剂是指能溶解其他物质的物质，水就是一种很好的溶剂。要溶解固体就需要能量破坏分子间的作用力，既要破坏固体分子，也要破坏水分子。包括糖和盐在内，大多数固体都会随着溶剂温度的升高而更易溶解。这是因为温度高，分子运动就加剧，水分子和固体分子之间碰撞就更多。但气体的情况正好相反，随着溶剂温度升高，气体的溶解量往往会变小。当气体分子更加活跃时，就会逃离液体，这就解释了为什么大热天汽水里的二氧化碳气泡很快就没了。

热水中，分子运动
比较剧烈，所以水
分子与固体分子之
间的碰撞较多

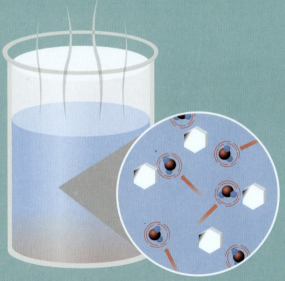

## 罗马数字那么复杂，罗马人怎么做加减乘除？

　　我们对罗马人知之甚多，但却不知道他们怎么做最基本的算术。罗马数字实在太麻烦了，像78这样的两位数会变成七个字母的LXXVIII，令人咋舌。罗马的工人如果想要计算一块78厘米×37厘米的地板的面积，显然要经年累月才能算出是MMDCCCLXXXVI平方厘米。但罗马人真的需要花这么长的时间吗？认知科学家的研究表明，尽管罗马数字看起来很麻烦，但可以分步进行计算，不需要记很多中间结果。勤加练习，借助算盘，或许可以解释罗马人是怎么计算建立和维持帝国所需数字的。

## 古人怎么算出1秒有多长？

　　巴比伦人关注年、日、小时等主要的时间单位，利用天文观测确定其长度。但在中世纪时，第一批时钟出现了，时间划分可以更精细。两种更精细的时间单位在拉丁文中被命名为"第一极小部分"（现在被称为"分"）和"第二极小部分"（现在被称为"秒"）。按照巴比伦人的传统，这两种时间单位用六十进制来表示，即以60为单位计数，所以1秒钟变成了1分钟的1/60，也就是1小时的1/3600。

## 火是气态、液态还是固态？

　　火焰的性质取决于燃烧的是什么。蜡烛的火焰主要是灼热气体的混合物（空气和汽化的石蜡），空气中的氧气与石蜡发生反应，产生光、热和二氧化碳。镁之类的其他材料燃烧时温度更高，会产生物质的第四种状态：等离子态。

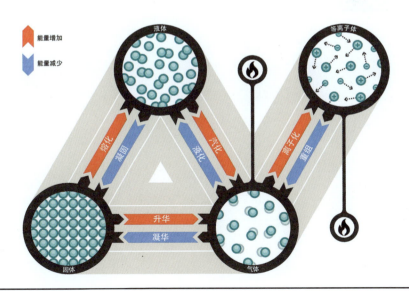

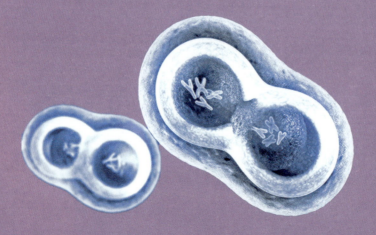

# 基因与进化
## GENE & EVOLUTION

克隆、超级细菌、外星生命、DNA 测试、
感觉、繁衍、自然选择……

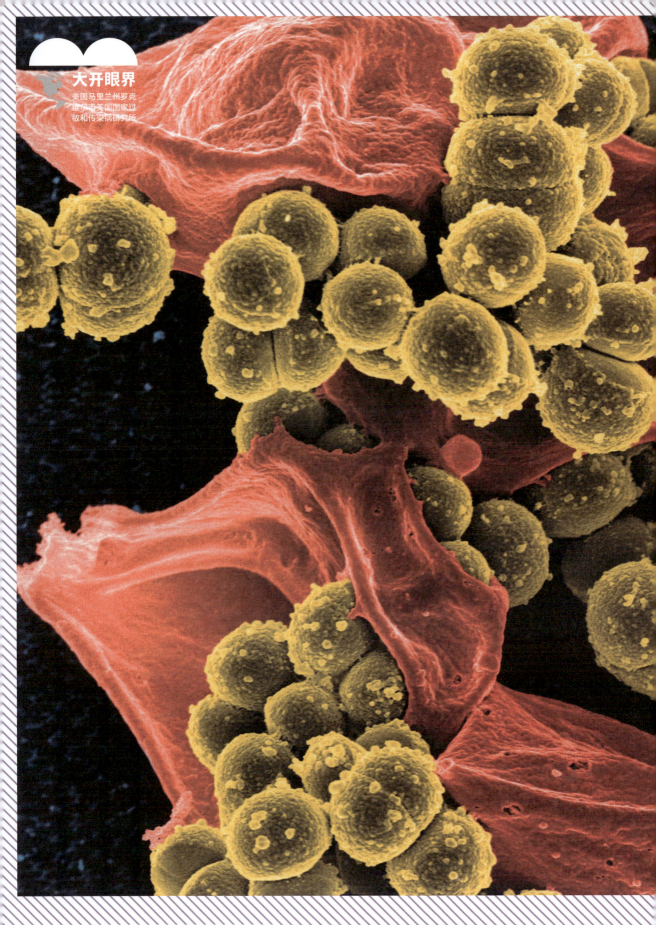

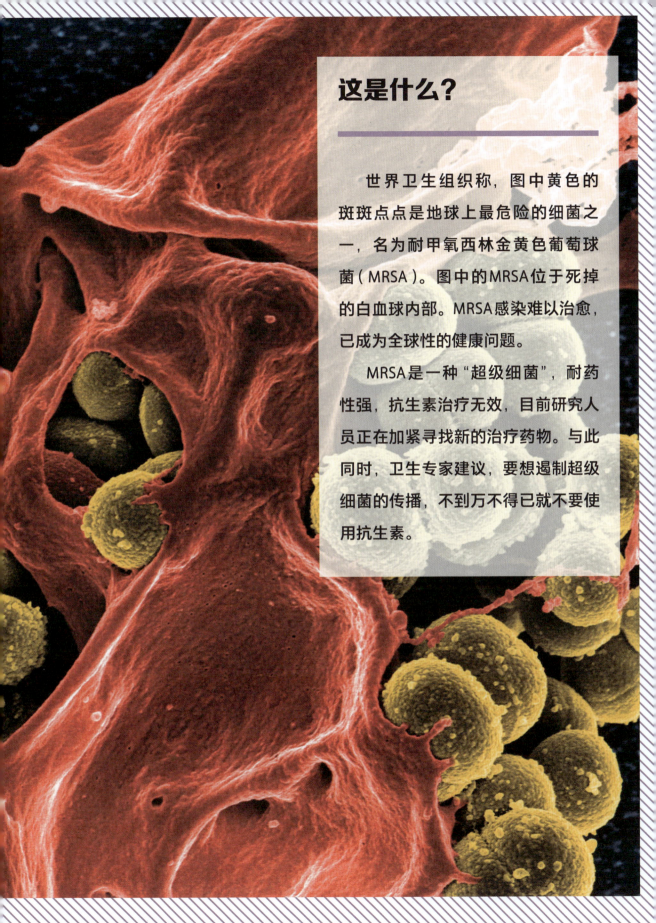

## 这是什么？

世界卫生组织称，图中黄色的斑斑点点是地球上最危险的细菌之一，名为耐甲氧西林金黄色葡萄球菌（MRSA）。图中的MRSA位于死掉的白血球内部。MRSA感染难以治愈，已成为全球性的健康问题。

MRSA是一种"超级细菌"，耐药性强，抗生素治疗无效，目前研究人员正在加紧寻找新的治疗药物。与此同时，卫生专家建议，要想遏制超级细菌的传播，不到万不得已就不要使用抗生素。

## 为什么换床睡之后，梦境更逼真？

众所周知，换了地方，有的人第一个晚上会睡不好。睡眠科学家在睡眠实验室开展研究时注意到了这一点，并将其命名为"首夜效应"。最近，研究发现，第一天晚上左半脑比右半脑睡得更浅，这可能是一种进化机制，让我们对新环境中的潜在危险保持警惕。人在睡梦中老是惊醒的话，对梦境可能会记得更清楚，所以我们在陌生环境里的梦境会比平时更逼真。

## 人为什么要睡觉？

　　科学家对睡眠的成因意见不一。人睡觉的时候不吃不喝，毫无戒心，任人摆布，花那么多时间睡觉真是太奇怪了。很多理论试图解释睡眠的成因，认为睡眠可以节省体力，优化体能分配，从而提高应对危险的能力，还能清除大脑中的毒素，巩固记忆。并且很明显，睡眠有利于生活的方方面面，包括控制体重、调节情绪以及改善免疫系统。

## 同卵双胞胎与克隆人，在生物学上有什么差别？

同卵双胞胎彼此的DNA相同，但与父母的DNA不同，而克隆人的DNA与被克隆的对象完全相同。即便如此，克隆人不会和被克隆的对象长得一模一样。众所周知，环境对基因的开启和关闭方式影响很大。双胞胎在发育过程中共用子宫，所以他们会接触到同样的营养物质和激素。克隆人与被克隆的对象成长于不同的子宫，而且出生时间不同，所以在同一年龄阶段，哪怕是刚出生的时候，克隆人与被克隆的对象都未必长得一模一样。

## 男性和女性是分别进化的吗？

不同性别的群体确实是分别进化的，所以两性有生理差异。男性如果能留下更多后代，就有进化优势，所以男性随随便便就能产生数以百万计的精子。与之相对，婴儿成长所需的所有能量和营养物质，都由女性供给，所以女性进化出了子宫、胎盘和哺乳的乳房。但两性之间的差异有限，男女只差一条染色体（Y染色体），这条染色体导致了两性间所有的激素差异和生理差异。

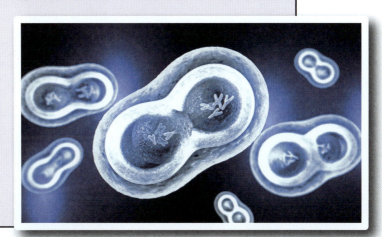

## 植物没长眼睛，为什么能模仿昆虫的外形呢？

蜂兰的花长得像某种雌蜂，雄蜂上当受骗，想要交配，结果浑身沾满花粉，传播到其他花上。蜂兰似乎很聪明，但它不是有意为之。蜂兰的祖先可能和其他花一样，靠花蜜来吸引蜜蜂。后来有一种蜂兰随机变异，脱颖而出。日积月累，长得像雌蜂的花吸引了更多的蜜蜂传粉，轻轻松松地实现了快速繁殖。进化很漫长，但几百万年过去，一代又一代雄蜂心甘情愿地为长得像雌蜂的蜂兰花传粉，就有了今天的蜂兰。

## 是不是有些人进化程度更高？

进化是过程，不是属性。有些人在特定环境中有基因优势。比如有些人不容易得结核病，那么他们在人口稠密、生活条件差的城市存活概率更高，更有机会把这种基因传下去。但这不代表他们"进化程度更高"。如果通过接种疫苗消灭了结核病，那么他们就不再有基因优势。

有些动物几百万年来变化不大，很多人误以为它们的进化程度较低。事实上，进化对所有物种的影响一样大。只不过对这类动物来说，自然选择的结果是变不如不变。

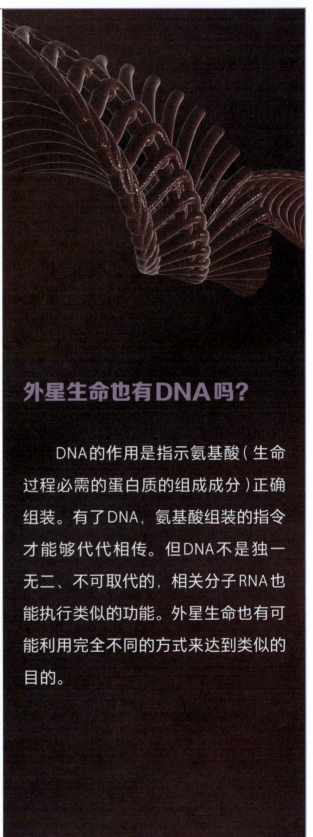

## 外星生命也有DNA吗？

DNA的作用是指示氨基酸（生命过程必需的蛋白质的组成成分）正确组装。有了DNA，氨基酸组装的指令才能够代代相传。但DNA不是独一无二、不可取代的，相关分子RNA也能执行类似的功能。外星生命也有可能利用完全不同的方式来达到类似的目的。

## 超级细菌崛起，人类的处境会不会回到没有抗生素的时候？

对抗生素具有耐药性的细菌又称"超级细菌"，确实引起了严重的问题。开发测试一种新的抗生素需要15年，但这种抗生素用了10年之后，细菌就会产生耐药性。1984年至今没有发现新的抗生素种类，制药公司对寻找新的抗生素也不太感兴趣，因为开发治疗癌症和心脏病的药物更有利可图。

但是情况总比没有抗生素的时候好。个人卫生和环境卫生的改善大大降低了传染病的发病率，有助于遏制抗生素耐药菌株的传播。欧洲每年有40万人感染超级细菌，但其中只有2.5万人（约6%）死亡。死亡人数听起来还是很多，但比起抗生素发明之前已经少多了，当时一半的人死于肺炎、流感、结核病、胃肠道感染和白喉。

超级细菌已经成了难题，而且越来越棘手，但抗生素仍然救了很多人。未来我们可能会彻底告别抗生素，转而利用被称为"噬菌体"的细菌杀手病毒来对付超级细菌。

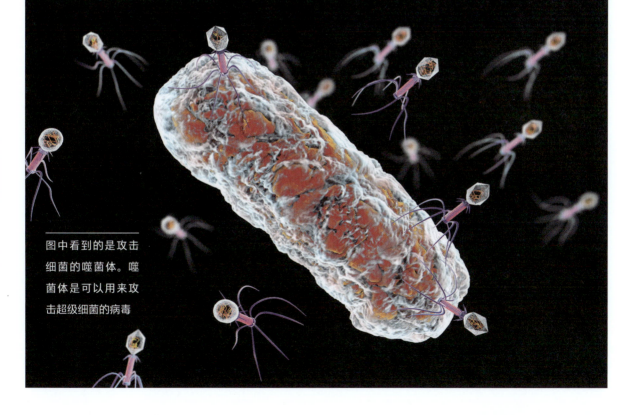

图中看到的是攻击细菌的噬菌体。噬菌体是可以用来攻击超级细菌的病毒

## 是不是对人体有益的东西好闻，有害的东西难闻？

　　是的，我们对有毒有害的气味很敏感。举个例子，腐烂的鱼满是细菌，闻起来很臭，大脑会把这种气味解释为警告，认为吃这种鱼很可能会生病。的确，把某些气味和糟糕的经历相联系，会使人对这种气味更加敏感，但即使一个人从来没有闻过尸体的臭味，也会觉得尸胺和腐胺的气味很恶心。很多动物都很讨厌尸体腐烂散发出的尸胺和腐胺气味，这一进化过程在4.2亿年以前就完成了。

# 到底是谁发现了血液循环？

威廉·哈维
（William Harvey）

伊本·纳菲斯
（Ibn Ai-Nafis）

1628年，英国医生威廉·哈维发表了人体内血液运动的革命性观点，轰动一时。此前，医生们一直遵循1300年前古希腊医生盖伦的教诲。盖伦认为肝脏产生血液，活体组织消耗血液。但哈维认为，血液总量固定不变，血液在体内循环，通过肺部和其他器官得到补充。

哈维的革命性观点意味着血液供应有限，令人对广泛使用的"放血"等做法产生了怀疑。一番论战夹杂着猛烈的抨击后，哈维的主张最终得到证实和承认。现在认为哈维是现代医学的创始人之一。

但历史学家后来发现，有人先于哈维400多年提出血液循环的革命性观点。13世纪，阿拉伯医生伊本·纳菲斯表示心脏的构造与盖伦的说法相矛盾，他认为一定存在微小的血管让血液循环。17世纪人们才证实他所谓的微小的血管确实存在，现在被称为毛细血管。很可惜，在20世纪初之前，西欧没有人知道伊本·纳菲斯的开创性工作。

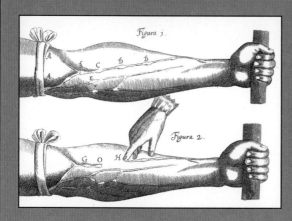

# 地球 PLANET EARTH

**地震、飓风、海洋、气候变化、大陆漂移、循环利用、潮汐、天气……**

# 这是什么？

2018年夏天，一场大火肆虐了美国加利福尼亚州沙斯塔县和特里尼蒂县，图中是火灾后的废墟。这场大火烧毁了1000多间房屋，造成8人死亡。火灾起因是7月23日，一辆汽车轮胎爆胎，车轮在路面上擦出火花，引燃了路边干燥的灌木，引发大火。直到8月30日消防员才控制住火势。

2018年加州山火是历史上最严重的火灾之一。专家警告说，气候变化可能是罪魁祸首，气温升高、天干物燥导致大火燃烧时间更长、强度更大。

## 如果所有的放射性元素都会衰变，为什么几十亿年后的地球上还有放射性元素？

每一次火山爆发都会提醒我们，地球就像一只沸腾的大锅，里面满是天然放射性元素。地热主要源于铀、钍、钾等同位素的放射性衰变。自45亿年前地球形成以来，上述元素一直存在，至今都很活跃。放射性元素的原子正在以缓慢的速度解体，解体速度可以用所谓的半衰期——半数原子核发生衰变所需的时间——来衡量。铀238、钍232和钾40是地球上3种主要的放射性来源，半衰期都与地球的年龄相近，因此还很活跃。

放射性元素在地壳和地幔内衰变产生的热量推动了包括火山爆发在内的一系列地质过程

## 水是什么颜色？

通常认为水是一种无色液体，但事实并非如此。水很深的话，白光照射在水面上，水会呈现出淡淡的蓝色。这是因为水会吸收波长较长的红光，但不会吸收蓝光。水的很多特性都很奇异，吸收光的方式也非比寻常，V形水分子吸收光能之后会开始振动。

## 为什么地球会旋转？

　　将近50亿年前，一团动荡的气体尘埃云形成了太阳系。气体尘埃云中，原子和分子基本不可能做平衡运动，它们会倾向于朝某个方向运动或旋转。当气体尘埃云在引力作用下坍缩时，由于角动量守恒，云层最初的旋转被放大，最终把云层压平成一个圆盘。地球从"母云"那里继承了角动量，因此在圆盘内成形、旋转。

## 人为什么看不见空气？

　　空气主要由氮气分子和氧气分子组成，这些分子分布稀疏，无法通过改变颜色或强度等方式对光线产生明显影响。即使如此，我们在炎热的天气里也可以通过被称为"热霾"的微光效应感知空气的存在。这是高温导致空气的密度波动，进而影响了空气的光学特性。

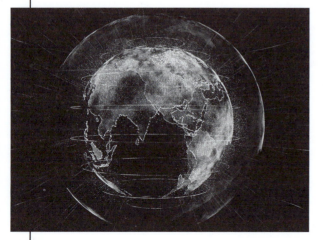

## 下雨了，是慢慢走还是快快跑？

　　遇到瓢泼大雨时，很多人都会心生疑问：是快点跑到避雨的地方好，还是慢慢走以免淋到更多的雨？首先要知道的是，每秒钟头顶淋到的雨量只取决于雨势的大小。虽然跑得快不影响我们被淋湿的速度，但会先一步到达避雨的地方，最大限度缩短淋雨的时间，相对湿得少。跑步途中，迎面而来的雨水会淋湿身体的前侧。但是迎面而来的雨水总量只取决于和避雨处之间的距离，与速度无关。如果还要考虑风速和风向的影响，事情会变得更复杂。总的来说，根据经验，我们的第一反应是对的：下雨了，能跑多快跑多快，赶紧避雨。

## 空气中的氮从哪里来？

人类呼吸的空气中，78％是氮。大部分氮最初储存在构成地球的岩石块中，之后氮从地球地壳的裂缝中渗出。生物不能直接利用氮，必须先把氮"固定"为氨或氮氧化物等化合物。细菌、藻类和人类活动都可以把游离态的氮转化为含氮化合物，生物利用氮之后，部分含氮化合物就会分解，以氮气的形式回到大气中。火山喷发也会补充氮气。通过"氮循环"，至少在过去1亿年内，大气中的氮含量相当稳定。

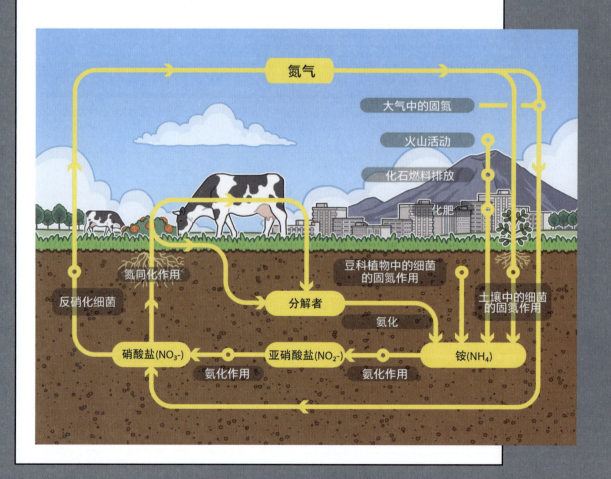

## 树木的生长原料从哪儿来？

树木的生长原料来自空气中的二氧化碳以及通过根部吸收的水分，只有少量的养分来自土壤。在光合作用过程中，树木利用太阳的能量分解二氧化碳分子和水分子，生成葡萄糖和氧气。一部分葡萄糖用于呼吸，其余的则用于形成纤维素，纤维素是新的枝、茎、叶和根的主要组成部分。

## 以前会重复使用玻璃瓶，现在为什么不能重复使用塑料瓶呢？

现有的塑料瓶是为一次性使用而设计的，不够坚固，无法承受大规模的收集、清洗、消毒和再使用所带来的磨损。可重复使用的瓶子需要进行消毒，用滚烫的水清洗，可能还要用化学溶液来消灭细菌。玻璃这样清洗没关系，它耐高温、耐腐蚀，但大多数塑料容易熔化、变形或损坏。可重复使用的塑料瓶不是不可能生产，但在已知范围内，目前还没有公司生产出这样的塑料瓶。

# 如果一夜之间所有人都改吃素，那世界会怎么样？

## 1. 动物收容所

素食主义者力图消灭一切虐待动物的行为。目前全球有35亿头放牧牲畜、190亿只鸡。如果打开农场大门，大多数动物会因为找不到食物而饿死，或者被捕食者吃掉。所以，放生行不通。恰恰相反，农场需要转型为自然界剩余动物的庇护所。

## 2. 温室气体排放

食品生产过程中排放的温室气体占总排放量的四分之一，其中大部分是奶牛打嗝产生的甲烷。甲烷是一种强效温室气体。如果全球所有人都改吃素，食品生产过程中的温室气体排放量将减少28%，相当于印度实现了碳中和。

### 3. 土地利用

目前，68%的农田用于饲养牲畜。如果其中五分之一的土地种上农作物，就能生产出与所有牲畜相同数量的食物。这样还能空出2600万平方千米的土地，相当于1.5个俄罗斯的面积，可以铺草种树，提高生物多样性。

### 4. 健康

如果不吃肉，人类患心脏病、中风和癌症的概率就会降低，每年死亡人数会减少大约800万。但大多数农作物单位卡路里的微量营养素含量低于肉类，尤其缺乏维生素A、$B_{12}$和D，以及某些脂肪酸。要避免营养不良，必须改良农作物。

## 大海会不会变得很咸很咸，
## 以致没有生命可以生存？

　　死海的盐分浓度几乎是其他海洋平均水平的10倍。对鱼类和植物来说，死海太咸了，即便如此，也有一些细菌和真菌可以生存。死海盐度高是因为海水蒸发的速度比淡水流入的速度快得多。在广阔的海洋中，水无论怎么蒸发，最终都会回到大海。河流会不断地把盐从陆地带入大海，但现在大海里的盐已经饱和了，多余的盐分会从水中析出，沉淀到海底。

### 600

海洋清洁组织（Ocean Cleanup）在太平洋上铺设了一条600米长的浮动栅栏，计划每月收集5吨碎片。第一次铺设时浮动栅栏解体了，加固之后，于2019年6月在大海里铺设了新的浮动栅栏。

## 海洋酸化对海洋生物有什么影响？

由于海洋吸收人类产生的二氧化碳，pH值下降，很多海洋生物会无法适应新环境。250名科学家参与了一项长达8年的研究，这项研究最近揭示，海洋酸化后，食物链会发生错综复杂的变化。海星、贻贝、海蝶等具有碳酸盐外骨骼的生物，因为外壳变得不稳定，日子不好过。年幼的动物特别容易遭殃：如果pH值较低，鳕鱼幼鱼死亡的可能性会翻番。藤壶和其他强壮的动物可以适应酸化的海洋，但仍可能受到其他威胁的综合影响，如塑料污染和气温上升。

## 捕蝇草怎么知道什么时候该关闭叶片？

捕蝇草的两片"裂片"的内表面各有3根敏感的毛，叫作感觉毛。一旦碰触感觉毛，就会启动捕蝇草的陷阱——前提是连续两次碰触感觉毛，而且两次碰触时间相差不超过20秒。这是进化出的安全措施，防止雨滴滴到捕蝇草时启动陷阱。一开始，陷阱闭合得不紧，不值得费心费力去消化的小昆虫就能逃之夭

夭。但比较大的猎物再碰触到感觉毛5次，陷阱就会完全关闭，彻底密封，水都渗不出，这时捕蝇草就可以释放出酶来消化昆虫。

## 植物会聊天吗？

植物可能看起来不是特别健谈，但它们会无声无息传递信息。在土壤下方，大多数植物的根部都会与细小的真菌分支相互作用，这种共生体被称为"菌根"。这是一种双向交易：真菌提供土壤中的养分，而植物则通过光合作用提供叶子中的糖分。但真菌不仅和单个植物互动，它们形成的网络横跨整片森林。植物学家现在知道，植物可以通过"树维网"传递养分和化学物质。

## 植物能和昆虫交流吗？

人们早就知道，开花植物利用颜色和气味来吸引昆虫，但科学家最近发现，花朵也会用电与传粉者交流。花朵往往带有负电荷，而蜜蜂往往带有正电荷。2013年，英国布里斯托尔大学的研究者发现，蜜蜂造访会改变花朵的电动势，花朵可能借此告知其他蜜蜂，它的花蜜储备刚刚被扫荡一空。有些花还能在蜜蜂飞过时用电"发射"花粉，昆虫不用接触花瓣就能满载花粉。

## 植物都"聊"些什么？

植物通过真菌网络互相警告危险来袭。如果植物受到吸食汁液的蚜虫或其他昆虫的侵扰，就会通过网络传递昆虫入侵的化学信号。附近的植物接收到信号就会采取行动，向汁液中注入抗虫毒素，避免昆虫攻击。对植物来说家庭也很重要。芥菜幼苗发出信号，向兄弟姐妹表明自己的亲属身份，避免互相争夺根部空间，妨碍彼此茁壮成长。但是真菌网络有利也有弊。比如幻影兰就会入侵网络系统，从附近的树上偷碳。

## 植物有思想吗？

植物没有中枢神经系统，不可能有人类意义上的思想。但植物可以感知环境，应对昆虫的攻击，甚至能够轻微活动。这些反应由化学信号驱动，而不是神经冲动，所以更像是无意识的荷尔蒙反应、免疫反应，而不是有意识的思考。

根为植物提供土壤中的养分，使其能够向附近的其他植物发送化学信息

## 云重达好几吨，为什么不会掉下来？

空气的主要成分是氮气和氧气，平均密度为 1.225 千克/立方米。水蒸气分子只有一个氧原子和两个氢原子，比空气轻多了，在标准温度和压力下密度只有 0.804 千克/立方米，所以海里蒸发出来的水会先升到空中。

到了一定高度，空气冷却，水蒸气凝结成水滴，形成肉眼可见的云。这些水滴是液态水，因此密度比空气大，但它们的体积很小，所以不会很快坠落。一般来说，每立方米云只含有约 0.5 克水。如果水滴足够小，就能被上升的暖空气托住。如果水滴之间互相融合、变大，重力大于浮力，水就会变成雨落下来。

## 大陆漂移是否影响气候？

　　由于地球内部热力循环，构成地壳的巨大岩石板块每年会稍稍移动几厘米。日积月累，板块移动对地球的气候产生了深远的影响。现在大陆有好几块，但它们都曾是一块超级大陆"盘古大陆"的一部分。1.75亿年前，盘古大陆开始分裂。当时，地球比现在温暖得多，但由于盘古大陆分裂，陆地分布、海洋和大气环流模式发生了巨变，气候发生了翻天覆地的变化。板块之间的碰撞引发了进一步的气候变化。例如，大约3500万年前，印度板块开始插入亚洲板块之下，形成了喜马拉雅山脉，影响了全球的风向模式，并推动了季风的形成，并持续至今。

## 为什么雨水很好闻？

雨的气味被称为"潮土油"，非常清新，会让人想起泥土。这种气味由多种因素作用形成。在干燥的环境中，某些植物会释放油脂，雨水一冲，油脂随空气扩散。落下的雨滴拍击地面也会扬起尘土，土壤中的土臭素随之释放到空气中。土臭素由细菌分泌，闻起来像麝香。另外，闪电可以电离空气中的氧气分子，形成臭氧，气味与氯相似。有趣的是，一些科学家推测，雨水对人类生存很重要，因此进化过程中人类喜欢上了雨水的气味。

## 如果地球上的生命一直在进化，为什么还有像阿米巴虫这样的生物？

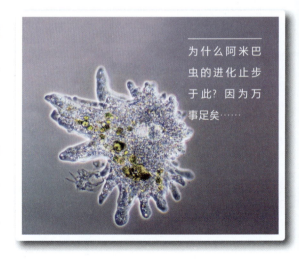

为什么阿米巴虫的进化止步于此？因为万事足矣……

进化不是梯子，不是每一个生物体都在一步一步向确定的顶端攀爬。进化是随机突变，没有方向。如果某种突变较适应当地环境，就会在自然选择中脱颖而出。阿米巴虫虽然结构上比人类、植物更简单，但是进化程度并不低，它们和其他所有生物一样，都进化了40亿年。阿米巴虫适应能力很强，从海底到人的头骨内部，在不同的环境中它们都生活得很好，所以能存续至今。

## 地球上的大气多久之前开始可供人类呼吸生存？

现在，氧气大约占空气的21％，但地球早期的大气几乎不含氧气。24亿年前光合作用出现，不久之后，空气中的氧气含量攀升到了1％或2％，呼吸这种空气会立即死亡。8.5亿—6亿年前，氧气浓度从2％稳步上升到10％左右，但浓度不高，人类仍然无法生存。快进到4亿年前，这时候的氧气浓度使人可以勉强呼吸，但由于氧气浓度只有大约16％，人可能会头晕目眩，

神志不清。大约3亿年前，氧气浓度达到了19％，适合人类生存。此后，地球大气的氧气浓度始终高于19％。

## 露珠是怎么形成的？

白天，河流和湖泊蒸发水分，植物通过根部吸收水分，再通过叶片散失水分。傍晚，温度下降，天气转凉，空气中能容纳的水蒸气变少，多余的水蒸气凝结成水滴。因为地面风小，所以靠近地面、温度较低的物体表面上会凝集水滴，这就是露珠。

## 如果海洋全冻住了会怎么样？

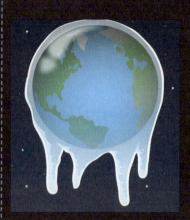

### 1.油价飞涨

世界上一半的石油通过海洋运输。一旦航道冻结，国际石油市场的供应量将大幅萎缩，偏偏此时人们比以往任何时候都更需要石油取暖。全球经济崩溃一触即发，许多国家将实行戒严。

### 2.食物链崩溃

海洋表面的冰层会挡住大部分穿入表面水层的光线。缺少光线会导致海洋藻类死亡，进而波及整条食物链，最终，海洋中的生物几乎荡然无存。只有深海热泉周围的生物才能存活。

### 3.植物死亡

比起水，冰反射的阳光更多，全球会急剧变冷，陆地也会被冻住。由于缺水，植物会死亡，不再能吸收二氧化碳，火山产生的二氧化碳会在大气中慢慢积聚，使地球回暖——但想解冻冰层可能需要数百万年。

## 地球上的海洋是什么时候形成的？

在大约45亿—40亿年前的冥古宙时期，大量火山熔岩喷发到地球表面。伴随着熔岩的喷发，许多气体也被喷出，其中包括氢、氨、甲烷、二氧化碳、二氧化硫和水蒸气等。这些气体构成了地球早期的潮湿大气。大约40亿年前，地球逐渐冷却并过渡到太古宙时期，此时的压力和温度条件开始允许大量的水作为液体而非蒸汽在地球表面稳定下来，地球的海洋从此诞生。

### 4.历史重现

地质证据表明，海洋可能至少冻结过两次，上一次是6.5亿年前。许多单细胞生物死里逃生，繁衍生息，但多细胞生物是否同样幸运，还没有足够的化石证据能够证明。

## 树能预报天气吗？

　　"橡树先发芽，一滴也不下。梣树先发芽，大雨哗啦啦。"这句谚语称，如果春天的时候橡树比梣树先长出叶子，那么夏天就会比较干旱。橡树和梣树长叶子的触发条件不同，所以两种树长出叶子的具体情况确实不同：温度升高，橡树长叶子；白天变长，梣树长叶子。但没有证据表明，春天暖和夏天降雨量就会减少。不过，松树确实可以预报降雨：天气潮湿的时候，松果的壳会紧闭起来。

## 地球会因为气候变化而变成金星吗？

金星的大气中96％都是二氧化碳，温室效应很强，地表温度高达450℃。而地球的大气目前的二氧化碳含量是0.04％，还含有微量的其他温室气体。即使烧掉所有可用的化石燃料，地球温度可能也只会上升10℃。和金星相比，温度不高，但足以导致地球海平面上升超过50米。

## 为什么地球不是标准的球体？

地球自转产生了垂直于自转轴的离心力，关键是，离心力的大小与离自转轴的距离成正比。因此，赤道处的离心力最大，而两极的离心力为零。由于地球不完全是固体，离心力导致地球被"压扁"成一个略微扁平的球体。压扁的程度相当小：两极的直径约为12 714千米，赤道的直径约为12 756千米；因此，扁平化程度（或"扁率"）只有0.3％左右。但赤道直径与两极直径之差（42千米）已经两倍于珠穆朗玛峰顶到海洋最深处的距离。

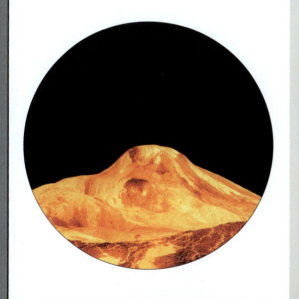